随筆集
コスモスの風
横山昭作

株式会社大成出版社

随筆集　コスモスの風

目　次

五〇銭銀貨

一位の実

カーテンコール

花野ゆく

〜あとがきに代えて〜

サッカー三昧

三人息子

私が静岡学園高校サッカーに惚れこんだのは二年前である。静学ホームグラウンドの谷田で、スーパーリーグの韮崎高との試合を観戦したときだ。静学の技術の高さに目を奪われた。試合開始してしばらくの時間帯は、見た目にはゆったりと映る。それがいざ攻めるとなると、個人技を生かしたドリブル、正確なパス、鋭いシュートと矢継ぎ早の攻撃を見せた。一人や二人ではない全員参加の猛攻撃である。シュートが決まらないと二度、これでも決まらない場合は三度四度とシュートの雨あられ。一点ものにした暁にはゆうゆうと引きあげる。まるで武田信玄の「風林火山」のお株を奪ったような小気味よい攻撃を見せた。

今から約二〇年前、横森巧監督率いる母校の韮崎高が正月の選手権で連続五年ベスト四に進出。そのうち三回は決勝戦に駒を進めながら、帝京、武南、清水東高の前に涙を呑んだ。勝利の女神は、いずれも韮崎高の頭上を通り過ぎていった。

清水東高に敗れた日から、私の内部に異変が生じた。それまで母校オンリーに応援してきた目が、外にも向けられたのである。

聞けば清水東高は、静岡県内で三指にはいる優れた公立進学校である。サッカー部は、人格指導力とともに抜群の勝澤要監督が率いて、文武両道を如実に実践しておられる。

私の清水通いが始まった。幸い勝澤先生にもよくしていただき、春休みの清水フェスティバルには、全国三六チームの監督懇親会にも引っ張り出されるという光栄に浴した。帝京の古沼監督や、国見の小嶺監督とも、直接話をする機会を与えられた。サッカー王国の静岡県に多くの友人を得たことは、私の大きな財産となった。清水東高との関係は「バトンタッチ」他のエッセイで、何度か書いたことがある。

静岡学園高校の井田勝通監督を紹介してくださったのも勝澤要先生である。清水東高グラウンドで行われた高校公式戦を、私は勝澤、井田両巨頭と、椅子を並べて観戦することができた。

井田監督は、大学卒業後、銀行マンから静岡学園に転身した異色の監督である。私の知る限りにおいて大変な読書家と見受ける。古今東西の本に通じておられ、とても私などの比ではない。学校教師にありがちな、ちまちました偏執がない。ブラジルサッカーを採り入れて、大らかな楽しいサッカーを展開する。還暦を迎えてなお、年に一度は自らブラジルへ出かけて勉強してくる。

学園から多くの名選手を世に出してきた。三浦知良選手もその一人である。今年ＶＦ（ヴァンフォーレ）甲府監督に就任した松永英機氏も卒業生である。ＶＦの今年の選手には、副主将の倉貫や、大石、渡辺選手が活躍している。静学が高校選手権で優勝を果したとき、高校に新しいタイプのサッカー出現、とマスコミは囃したてた。

少し回り道したが、静学を今春卒業した三人の選手のことを書こうと思う。前著「人も風も」の中で、「三人娘」と題してサッカー大好きの立教女学院高校の娘さんのことを書いた。三人はＦＣ東京のＧＫ堀池洋充選手のファンであった。私が堀池くん（清水東高→慶応大学→東京ガス）と仲が良かった関係で、選手の出待ちをしていた彼女たちにサインの仲介をしてあげた。これがきっかけで「一緒にサッカーを観に行きましょう」と誘われ、一度か二度同行したことがある。彼女たちは、あるいは学校では長所を十分にわかってもらえない生徒かも知れぬが、三人三様に長所があり、しっかりしていた。卒業後、自らの意志でそれぞれの道に進んでいったことをエッセイに書いた。彼女らにならえば、静岡学園の三選手は「三人息子」と言ってよいだろう。

一人は輿石義章くん。山梨県の竜王中学から静岡学園に進学したGKである。中学時代は、現VF甲府キーパーコーチの坂本武久さんに教わったと聞く。高校進学に静岡学園を選んだのは、GKコーチにブラジル人のアダウトさんが居ることをサッカーの本で知ったことが大きな理由のようだ。

父親の義徳氏は韮崎高出身だから私と同窓である。地元で大きな家具プラザを経営しておられる。義章くんは姉二人に続く男一人の末っ子だ。年少ない末っ子を静岡へ出したご両親、とりわけ母親の心境はいかばかりであったか察せられる。輿石夫人から静学サッカー部の動静や試合日程などが、逐一ファックスで私に送られてきた。井田先生から、もらさず横山先生に知らせるようにとの下知を受けたらしい。こうして私は、山梨か世田谷の自宅に居ながらにして、静学さんの動きを知ることができた。

一昨年の夏、サッカーフェスティバルで、静学チームが韮崎へ遠征してきた。私は御勅使《みだい》サッカー場へ出向いた。井田監督は選手たちをベンチの前に並べた。「偉い先生なんだから、会ったらちゃんと挨拶しろよ」と豪胆な紹介をしてもらった。ただのサッカー好きじいさんに過ぎないのに、と私はいささか照れてしまった。

二年生の義章君は、この日GKとして対武南戦に出場した。体を張った交錯プレーで前歯を二本折るというアクシデントに見舞われた。何日も入院して全快したが、一途に突き進む真面目な性格である。三年生に進学すると背番号1番をもらった。同じ1番でも静学となると相当な値打ちがある。たびたびのファインセーブで静学のゴールを守ったシーンが、今も目に残っている。

谷澤達也くん。二年生の時から静学の10番をつけていた。体が柔かく流れるようなプレーに魅せられた。日本の10番といってよい好選手である。

仲沢氏は韮崎高出身で五〇代、輿石氏の一年後輩である。無類の韮高ファンで会場でいつも顔を合わせる。仲沢氏も谷澤くんのプレーのとりことなった。選手権の時は、私と一緒に西ヶ丘サッカー場まで応援に行ったほどだ。この年のプログラムには谷澤くんの写真が大きく載ったことからも、実力のほどを知ることができた。

谷澤くんはふだんはひょうきん者で、よく冗談を言っていた。ある時「彼女に振られそうになった時はどうしたらいいですか」と半ば本気で話してきたことがある。

彼は卒業して柏レイソルに入団。一年先輩の永田充選手に続いての柏入団である。

ことしの五月上京して、自宅にたまっていた東京新聞を整理していたら、18日のスポーツ欄に谷澤くんのコラム記事を見つけた。「18歳谷澤、プロ初得点。弾道低く25メートル」の見出しだった。記事の一部を引用する——谷澤は8日に初招集でU―20日本代表候補合宿に参加したばかり。同代表の大熊監督は「瞬時に展開を変える特徴がある」と大きな将来性を感じている——と。

この記事をコピーして静学の本間部長先生にさし上げた。地方ではなかなか見られない記事と喜んでくれた。また一部を谷澤くん自身に送っておいた。海外遠征から帰ってきたという夜、山梨の私の家にお礼の電話がきた。そして、ケイタイの番号が変わったからと教えてくれた。谷澤くんに留守電を入れておくと必ず返信がくる。律義なのだ。

安藤淳。ボランチで6番の選手である。滋賀県野洲市の出身。男ばかり三人兄弟の末っ子である。そのせいかどうか、おっとりして、こせこせしないのが好きである。もちろん技術は高い。気が合うのか、年寄りに合わせてくれるのか、話していると今はやりの〝癒し〟の効果がある。優しいのである。

三年生の全国選手権で試合の前日に練習で怪我をしてしまった。本人は三年間の集大成として、出たかったのは山々であったが、出場不能となった。この試合、安藤が出場できなかったのは、静学にとって痛手である。ＰＫ戦に敗れて彼の三年間は終わった。優勝候補と見られていた静岡学園であったが早々に散った。選手たちは泣きじゃくった。もちろん出場できなかった安藤くんも例外ではない。どう言葉をかけてあげたらよいのか分からぬまま、私は淳くんの手を握った。大晦日の風が冷たかった。

静岡に出かけるとき私は駅前のホテル・アソシアに宿を取る。一人に声をかけておくと、特別に用事がない限り、三人揃ってホテルのロビーに来てくれた。制服でもなく、サッカー着でもなく、それぞれにセンスのいい私服でやってくる。ホテルのグリルのバイキング料理に彼等は満足してくれたのか。もちろんアルコール抜きである。

私は若い人の胸を開かせる術を持っているのか、彼等は自分の秘密めいた話題を出すこともあった。前述の谷澤くんの内心もこの時明かされた。もっと立ち入った話題もあるのだが、信義にもとづいて公表はすまい。サッカー部で同じ釜の飯を食う三人は気の合った友人同志で、若さがうらやましかった。

輿石くんと安藤くんは、揃って関西大学へ進学した。安藤くんは両親の元から通学できるようになったが、輿石くんは静岡よりはるかに遠い大阪である。山梨のご両親には少し淋しさが増したであろう。だが、若いときの苦労は将来必ず生きてくる。

一度関西へ応援に行ってあげようと思っていた。関西リーグで三位になった関西大学は、全国大学総理大臣杯に出場の権利を得た。今年の大会は関西地区である。二人ともAチームにはいれたが義章くんはGKなので上級生を追いこしての出場はまだ無理らしい。フィールドの淳くんは一年生ながらレギュラー出場していると聞いた。

地理に不案内な私は、取りあえず京都駅前に宿を取った。会場は大阪府の高槻市の山の中らしい。京都に一泊して、安藤くんのご両親に名神高速を走って会場まで乗せてもらった。

関西大学の対戦相手は東京の駒沢大学であった。早い時間帯に一人にレッドカードが出された。こんな不運もあって、0対1で関西大学は敗れた(※大会の結果は駒沢大学が優勝)。

夜は二人に京都まで来てもらった。安藤くんは滋賀県野洲の実家に帰る途中下車だが、大阪府下に一人住む輿石くんは、わざわざのお出かけである。京都駅の出口で待ち合わせた。輿石くんのいでたちに笑ってしまった。競技場から駆けつけた彼は、一年生の当番だった黄色い大きなやかんをぶら下げていた。

淳くんは茶髪となり、もともとエキゾチックな顔立ちの彼は、外国人と見まがうばかりであった。そう言うと「他の人にも言われたことがあります」と自らも認めた。

七月七日。「京の七夕も風情があるね」と話しながら、お好み焼きを食べた。この種の食べ物を若者は好きらしい。

谷澤くんのケイタイに電話を入れてみたが出ない。二人を駅で見送ったあと、五分ほどして私のケイタイが鳴った。谷澤くんからだった。二人を帰す前に通じなくて残念だった。京都の七夕は時雨れていた。

しばらく経ってから、関西地区の大学代表候補選手に選ばれました、と安藤くんからはずむ声の電話がはいった。


谷澤ファンの仲沢氏が、サインをもらって欲しいと言う。それなら私もと便乗した。卒業式も間近い頃、静岡で逢ったときに、三人息子からサインをもらった。

谷澤くんのは、すでにくずしたプロ向きのローマ字だった。読むのに少し苦労したMF10。

安藤くんのは、シンプルな飾りローマ字でMF6。「いろいろお世話になりました」と日本文字が添えられていた。

輿石くんはといえば、色紙いっぱいに漢字のたて書き。「輿石義章」と力強い楷書であった。ＧＫ――と添え書きも――。
三人三様のところがおもしろい。

（二〇〇三年八月）

ミレニアム年賀状 ― 若き友人たち ―

頌春

秋色深まる蘇州で、寒山寺の鐘を撞いてきました。ガイドによると、除夜の日本人観光客三千人、大集合のスリ三千人。出動の警官は五百人にも上るそうです。

ひしめく境内の捕り物やいかに――。マンツーマンで演じるおかしげな芝居をちょっと覗いてみたい気がしました。

右は私の二〇〇〇年の賀状である。祖父の喪中という清水東高校出身の市川太一くんへ、年末、手紙に添えてこの賀状を送った。間もなく返事が来て次のように書かれていた。

「――ところで同封されていた年賀状のマンツーマンが先ず目について、サッカーのことかな、と思って読んだら意外な展開で笑えました。東高の応援よろしくお願いします」と。

文武両道の清水東高校で、太一くんは学力優秀だった浪人生である。梅の咲く頃には大学合格の吉報がとどくことだろう。

太一くんと東高同期で主将だった高林佑樹くんは筑波大学の一年生。MF（ミッドフィルダー）の指令塔である。大学の同じポジションをめぐり、私の母校韮崎出身の鶴見くんと競っている。「絶対にレギュラーをとります」と高林くんは意気込みを示してきた。

やはり清水東高で同期の石間崇生くんは、同志社大学に進学し、同時に京都サンガに入団したが、ことしは大学に専念する。「京都へ来られることがありましたら電話してください」と書いてあった。

同志社大学といえば、マネージャーは板橋海くん二年生である。都内の男子校の暁星高校でもマネージャーをしていた。私が遊びに行くと、いつも腰掛けを用意してくれた。人望高く、会議では全員一致の推薦を受けて大学入りが決定したと聞く。板橋くんからも去年に続いて「京都でお逢いしたい」旨の賀状がきた。

石間くんと板橋くんと私。面白い組合せで京都の会を実現したい。

ふるさと韮崎の中学二年生になるサッカー少年たちと仲がいい。彼等が小学校六年生の夏に、韮崎市一二時間サッカーの会場で知り合った面々である。

この中の一人、韮崎東中の清水利生くん。「今年は受験生になります。横山先生の後輩（※韮崎高）になれるように、サッカーも勉強もがんばります。また先生にあえる日を楽しみにしています」

「来年はぼくも韮高にはいって一年生でレギュラーをとれるようがんばります」と決意を書いてくれたのは韮崎西中の有賀正人くんである。

ヴァンフォーレ甲府のジュニアユースで活躍している山下大輝くんの賀状。「先生お久しぶりですね。穴山へ行きましたか（※穴山には利生くんの家がある）。車椅子の羽中田昌さんの二さつ目の本「グラシアス」を読みました。横山先生のことが書いてありました。羽中田さんにいろいろ教えてあげたみたいで――。先生は多くの有名人と知り合いですごいですよね。ぼくは横山先生とことばを交わしたくらいですごいのに。また、こっちに来たら呼んでください」

バルセロナでサッカー指導者修業中の羽中田昌さんとまゆみ夫人。ことしで五年目を迎え年末には帰国する。夫妻から心のこもったクリスマスカードをいただいた。

早いもので、韮崎のサッカー少年たちは来年は高校生になる。川村くん、中山くん、藤原くん、三井くん、宮川くんたちからも、サッカーの夢をつづる可愛い賀状が舞いこんだ。

暁星高校は幼稚園から高校まで、サッカーも勉強も一貫教育の有名校である。長いこと東京の私立校に勤務していた私は、特別の親近感を持つ。豪傑肌の林義規監督のきびしさと温かい薫陶を受けて生徒たちは巣立っていく。

叱られ役だった栗山信二くんもこの一人。中央大学をこの春卒業予定である。「今年の五月の公認会計士の受験をひかえ、毎日カリカリ勉強しています」と書いている。暁星から慶應大学を出て社会人五年目の小勝健司くんは、私のエッセイ「かわいそうな象」に登場した青年である。彼の賀状には「今年はぜひ、宝塚のいい娘《こ》でも紹介してください」とある。週末ともなれば今でもサッカー漬けの彼には、当分嫁さんは決まりそうにない。

暁星高を今春卒業する前田遼一くん。中学時代から見守ってきた。学力もサッカーも優れている。サッカーでは一五もの球団からオファーが来たらしい。一流大学の法学部への推薦入学を断って、ジュビロ磐田入りが決まった。好きな道とは言え、実力一本の世界へ身を投じるわけだ。「今年はプロにはいって一日も早く試合に出られるようがんばります。これからもよろしくお願いします」

前田くんはU—19の日本代表で初得点をあげた。幸先よいスタートだ。顔つきがオリンピック日本代表チームの主将で、ガンバ大阪の宮本恒靖選手に似ている。顔つきだけでなく宮本選手のように精悍で頼もしい選手に育ってもらいたい。

韮崎高校で女子マネージャーを務めた旧姓貝瀬さんは、結婚して入戸野《にっとの》裕子さんになった。二人の男児の母である。やんちゃな兄弟の育児に追われて多忙だ。私が体調を崩し、自称冬眠生活を余儀なくされた時、花束を持って二度も砧の拙宅に来てくれた。心優しい女性である。私が開き直って公式の席へ出るようになったのは、裕子さんの結婚披露宴からであった。裕子さんからの賀状。「四月には三人目が生まれます」と男の子の写真の横に記してあった。察するに次は女の子が欲しいのだろう。でもこればかりは授かりものだから願い通りにいくとは限らない。どちらが生まれても目出度いことで、丈夫な赤ちゃんを産んでほしい。武田の里・新府城の周りが桃の花のピンクに染まる頃が楽しみとなった。

韮崎高校出身の竹下幸伸くんは東洋大学の二年生。甲府の実家はレストランである。正月に私が立ち寄ったとき、一緒に食事をした。余程嬉しかったのか、二日後に砧の我が家に手紙の賀状がとどいた。レポート用紙一枚にぎっしり文字が並べてある。幸ちゃんはこんなに多く字を書くのか意外であった。抜粋すると次の通り。

「今年も最初から横山さんと話ができて、とても楽しかったです。土産話あいかわらず面白かったです。自分はあまり他の県に遊びに行くチャンスがないので楽しみにしています。ぼくが自由に行けるようになるまで、横山さんが代りに行って、また話を聞かせてください。横山さんはパワーを沢山持っているのでお願いします。それから、ぼくの脚が完治してサッカーができるようになったら、東洋大学のグラウンドにいらしてください。電話してくれればぼくが案内します」

幸ちゃんは脚の怪我で入院・手術。六ヶ月ほど治療を続けている。美人の姉が嫁いでいく披露宴の時、感きわまって兄が涙をこぼし、末息子の幸ちゃんも貰い泣きしてしまった、と話してくれた。純情なのだ。

FC東京の堀池洋充選手（清水東高→慶大→東京ガス）のファンの三人娘。その中の一人の久保静香さんからの手紙の賀状。

「二年間製菓学校で勉強して、四月に横浜のお菓子屋に就職しました。デパートの実習生として毎日ケーキを作ったり、お客さんの注文で誕生日のデコレーションを作っています。とてもよい先輩のもとで一から仕事を教わり、日々学びながらがんばっています。決して楽な仕事ではないし、OLより休みも少ないし、給料も安いけれど、自分で選んだ道だから、夢もあるし、今とても充実していて楽しい。今年は堀池さんをはじめとするFC東京の方々の、一部リーグの勇姿をぜひナマで見たいと思います。できれば横山さんとご一緒したいです」

〝自分で選んだ道だから〟と「女の一生」の杉村春子ばりのせりふを言う静香さん。菓子職人としての今後が楽しみだ。堀池選手には手術後の肩を早く治してもらいたい。

高校同級生の三人娘の一人の岸久美子さんは、大阪の大学生でありながら、やはり堀池選手のファンで「FC東京を見たい」と言ってきた。

FC東京と共にやはり一部昇格を果した川崎フロンターレの佐原秀樹選手は正月に花を贈ってくれた。クセのない好青年だ。桐光学園高校で同期だったマリノスの中村俊輔選手とのJ一部リーグの対戦が見ものである。

このように多くの若い友人からパワーとエネルギーを分けてもらって、私はとび回る。ありがたいことだ。そして、ことし二〇〇〇年を生きる。紙面も尽きるので、都内高校生Sくんからもらった嬉しい賀状でしめくくりたい。〝あっ、おれもそうだ〟と思ってくれる若者が他にも居そうな気がして、あえてSくんということにする。

――横山さんと初めて会ってから一年と半年が過ぎました。ぼくは横山さんを「変な人」だと思います。それは、こんなに年が離れているのに、同じ目線で物事を見てくれるからです。しかし、ぼくは、横山さんのそこが大好きです。これからも体に気をつけて、一緒に選手権にいきましょう——。

イレブンの若武者絵爪風にのる

（登場者の学年は二〇〇〇年一月現在）

（「麗」二〇〇〇年春号）

高校サッカーを追っかけて

母校・韮崎高サッカー部を追っかけて二〇年。今では韮崎高に限らず、関東一円から静岡県、遠くは兵庫の滝川二高まで親しい学校が広がった。スポーツ記者の佐藤隆志氏に「高校サッカーのお父さん」なるコラムを書かれるなど、サッカー高校生とのエピソードには事欠かない。

「先生、先生って言われるけど、何の先生ですか」と、プログラムの売り子が私を追ってきた。「ただのじいさんだよ」。「ウラは何ですか」と切り込む彼。「だから今言ったでしょう。ただのじいさんだって」「そういう人に限ってウラがあるんですよ」。二人は思わず笑い出した。生徒は、都立国分寺高GKの佐々木君。これがきっかけで、文通するようになった。

文化祭の連休に、軽自動車で東名を走り、わが家に遊びにきた四人。この春、清水東高を卒業したサッカーマンたちだ。話に打ち興じていた吉田君が突然、「あれ、横山さんは、うちのおじいちゃんより一〇歳も年上なんだ」と叫んで私の顔を眺め渡した。

桐光学園には、週に一度くらい遊びに行く。一年生の土田君は努力型だが、時に自信をなくす。撮ってあげた写真を送る時、力付けるつもりで、「ぼくの超能力によれば、君はきっと巧《うま》い選手になります」と書き添えた。暗示を込めて、私は「超能力」という言葉を時々使う。間もなくお礼の手紙がきた。「超能力があるようにも見えませんが、信じて頑張ります」。土田君の鋭い目の輝きが好きである。

韮崎高の小野君は、長期にわたる体の故障が癒《い》えてグラウンドに戻った。長身で俊足のFWだ。「間もなくAチームに入れるよ」と言ってあげた。偶然にも翌日Aチームに引き上げられた。私の「超能力」たるもの、まんざらでもなさそうだ。

一一月五日に甲府市小瀬で行われた準決勝戦。城西高の部員がチケット売りを担当していた。「大人七〇〇円、小学生三〇〇円」の表示があったので、遊び心で「私は小学生なんだけど……」と言ってみた。売り子の一人は表情も崩さず、三〇〇円のチケットを差し出した。「ごめん、七〇〇円に換えて……」。私は少し慌てた。彼は「ジョークですか」と悠然としていた。頭の良さそうな高校生にやんわり遊ばれた格好だ。

韮崎・船山にある両親の墓が草ぼうぼうで気になっていた。彼岸前に、練習が終わった長田圭介君と大森啓一君に手伝ってもらった。手を焼いていた雑草は、またたく間に片づけられた。「ここがぼくの墓だから覚えといて」と言ったら、二人は戸惑いながら「はい」と神妙にうなずいた。

昨年度の韮崎高サッカー部主将の清水直樹君が、卒業の時に手紙をくれた。「大した選手でもないのに、三年間声を掛け続けてもらって感謝しています。どうお礼をしたらよいか分かりませんが、このラブレターで勘弁してください」と綴（つづ）った後、こう結んであった。「ぼくの結婚式、必ず来てくださいよ」

「ふり向くな君は美しい」というテーマ曲が、私の胸をかき立てる。新しい世紀の選手権の頂点に立つ学校を、「超能力」であれこれ探っている。

（「山梨日日新聞」二〇〇〇年一一月二四日）

KICK OFF

「Ｋｉｃｋ　Ｏｆｆ」は、桐光学園高校サッカー部後援会会報である。年に三〜四回出して、二〇〇三年八月現在で23号を数える。

ミニエッセイを頼まれて、4号から23号まで、もう20回も連載してしまった。サッカーの専門家ではない私なので、的はずれな内容もあるだろう。恥ずかしいけれど、部長の加藤恒夫先生に励まされて、厚かましくも書き続けている。

世田谷砧の自宅から、車で30分くらいの場所に桐光学園がある。ひまがあれば、ついつい足が向いて八年が経つ。

若々しい小塚良雄理事長に桐光学園の未来をみる。佐熊監督、コーチの篠田先生、ＧＫコーチの小沢さんや、ほかのスタッフの方にもよくしてもらっている。

歴代父母会の方々とも親しくなった。大学に進学した選手や、Ｊリーグなどで活躍している選手と、他のグラウンドで再会できるのも楽しみの一つである。

ある選手は私のことを桐光の〝ヌシ〟と言った。古風な表現が面白かったし、桐光のヌシなら光栄とも思う。

ここには「Ｋｉｃｋ Ｏｆｆ」の中から、自選の九編を選んでみた。初めの「ＴＲＡＰ」は、前著「人も風も」にも入れてある。この頃試合を観ながら、ＴＲＡＰ・ボールコントロールの重要さを痛感している。そこで、あえて再度の登場をお許し願いたい。

ＴＲＡＰ

マイカーなどまだ珍しい頃だから、かれこれ四〇年ほど前になろうか。私は自動車教習所に通っていた。今ではノークラッチ車の免許があるそうだが、当時はギアの入れ替え動作が億劫だった。ましてや狭い教習所、トップギアに入れてもすぐセカンドに落とさねばならぬ。

だから私はついセカンドのままで走っている。教習所の教師は、そんな私の横着を許さない。「トップに入れろ、ブレーキを使え」こんなお叱りを何回受けたことか。

車はアクセルで走るもの、と思い込んでいた私の脳裏に、或る日ひらめいたことがある。「ブレーキこそ運転の要《かなめ》ではないか！」その証拠に、路上練習時の教師の命綱は、助手席のブレーキ一つである。

サッカーの話に移そう。私の若い頃は「蹴球」と称した。文字通り球を蹴るスポーツだ。この頃サッカーのゲームを観て特に思うことは、巧い選手、強いチームほど、TRAP技術・ボールを止めることが優れている。

逆にこれが身についていないと、せっかくの得点チャンスなのにみすみす取り逃がす。ゴールから遠い場所でも、身体から離してしまって敵にボールを渡してしまう。

平成八年の夏、ふるさと韮崎で桐光学園高校サッカーに魅せられた大きな原因に、TRAPの見事さがあった。ある高校指導者は「子どもの時に体得しておかないと手遅れ」と言う。そうであるかも知れぬ。だがしかし、「人生に遅過ぎるということはない」との教訓もある。高校生だって練習次第で上達できるはずだ。

桐光の篠田先生に伺った時「ボールは壁に当てるとはね返ってしまうが、カーテンだと下に落ちる」とおっしゃった。

素人の私にも、何となく要領の伝わるたとえであった。どうやら車のブレーキに似ている。サッカーは蹴ることもさることながら、すべてはTRAPから始まるのではあるまいか。

（No・4より）

紙一重

先ずは新人戦の優勝おめでとう。新生桐光サッカー部にとって、幸先よいスタートだ。決勝戦の闘いぶりは、全国準優勝を成しとげた先輩たちの華麗なサッカーを彷彿させるものがあった。「ことしは行ける」の思いを抱いた関係者は私だけではあるまい。もちろん、今後の精進次第という条件がつくのは当然ではあるが――。

話は変り、今年の選手権の一回戦で、私の母校韮崎は、兵庫県代表の滝川二高と対戦した。滝川は巧いチームと見ていた。だが、この試合に限って言えば、韮高が3対1、もしくは4対2で勝っておかしくないゲームだった。前半の中頃、滝川の林丈統《たけのり》選手のロングシュートがゴールの左隅を割った。前半終了近くに、韮高が決定的チャンスを二度も作った。それなのに信じられないミスシュートで1点も取れない。後半早々にも、相手守備陣の反則で韮崎はＰＫを得た。チームで最も信頼できる選手が蹴ったのだが、これをＧＫにはばまれた。そして、１対１で迎えたＰＫ戦。韮崎は三年生二人がＧＫにセーブされた。二つも失敗したら、とてもＰＫ戦に勝てない。負けるべくして敗れた典型であった。

「紙一重」で惜しかったという人がいる。扇にたとえて、要《かなめ》の部分で考えると紙一重かも知れない。だが末広がりの先端に考えを及ぼすと無限の差となる。「紙一重」という些《さ》細《さい》な差が、実は絶対的なのだ。

韮崎に競り勝った滝川二高は、勢いに乗ってベスト４入りを果たした。林選手に「得点王」というおまけまでついた。

新人戦の桐光チームにも、紙一重を思わせる試合がなかったわけではない。だが、苦しいゲームを物にできた結果が、決勝戦の好プレーにつながった。見事な栄冠である。

（Ｎｏ・６より）

代役？　それはないぜ

オリンピック最終予選。中田英寿選手は対カザフスタン戦のみに出場して、ベルージャに戻った。その直後のことだ。いくつかのスポーツ紙で次のような記事が目にはいった。

「中田の代役は中村俊輔」「司令塔俊輔に不安」。要約すればざっとこんな具合である。代役？　それはないぜ。私の胸中おだやかではない。そもそも「代役」とは、演劇などの世界で、決まっていた役者が何等かの理由で出演不可能となり、他の役者が代わって舞台を務める時に用いるのが一般的である。

演劇の場合は同じせりふを覚えて言い、ほぼ同じ動きをするから代役なのだ。代役は俊輔――などと安易に使ってほしくない。ましてや、ヒデと俊輔はタイプの異る選手である。私の印象を言わせてもらえば、「強さ」はヒデ、「巧さ」は俊輔だ。司令塔として俊輔くんが登場すれば、中田の場合とは異質なゲームを展開するはずである。

選手諸君は、それぞれが特徴を持ち個性を備えている。これらを最大限に発揮させ、最高のゲームを見せるのが監督の手腕というものだろう。

マスコミ関係者は、どうも中田英寿をほめ過ぎる傾向がある。あまり持ち上げるのは、彼の成長のプラスにはなるまい。韮崎の同窓生の私は、ひそかに気を揉んでいる。ヒデも俊輔も、二〇〇〇年代幕開けの日本サッカーを背負って立つホープである。

精進を重ね、人間性豊かで、個性かがやくヒーローに育ってもらいたい。

（Ｎｏ・９より）

Ｓｉｍｐｌｅ ｉｓ Ｂｅｓｔ

昔二〇代の頃、私は劇作ゼミナール「青ぶどう」の同人だった。月に二回の研究会で、作者が脚本を発表する。読み終わると、師匠は聞く。

「この作品で、作者が言おうとすることを、ワン・センテンスで言いなさい」と。一文にまとめるのは簡単なようでむずかしい。「つまり……その……」と口ごもり、明快に表現できないのは、脚本がすっきりしていない証拠であった。

又師匠は「一幕物の脚本は、幕を下ろす場面を初めにはっきり頭に描き、これに向って邁進せよ」ともおっしゃった。余分な枝葉を切り落とし、せりふも動きも、幕切れを生かす効果的な伏線であるべき、とのお考えであった。Ｓｉｍｐｌｅを要求したのだ。

英和辞典でＳｉｍｐｌｅを引いてみる。単純な、簡潔な、易しい、簡素な、素朴な、純な、誠意のあるなどの日本語が目にはいる。ネクタイを買うときなど、私は30秒で決めてしまう。直感だ。結果としてＳｉｍｐｌｅで、着用しても飽きがこない。

サッカー試合のベンチから、しばしば「単純に」「簡単に」の声が飛ぶ。足もとでボールをこねたり、むだなパス回しで、ゲーム展開がモタモタしている場合の指示である。ドリブルもパスも、点を取るための効果的な手段であり、伏線であるべきだ。脚本も、ファッションも、そしてサッカーも共通していると思う。

イレブンよ、ゴールを目ざして、

Ｓｉｍｐｌｅ ｉｓ Ｂｅｓｔ！

（Ｎｏ・10より）

発想の転換

かつて私の職場に「俺はスランプだ」と日毎ぼやいている青年がいた。ある時先輩が「スランプってな、いつも好調に成果をあげている者が、たまたま行き詰まって落ち込むとき使うことばだよ」とたしなめた。それはさておき、サッカー選手もスランプというものに悩まされることがしばしば起きる。

以前私の電話番号が（４１５〜１３０８）のとき、友人が愛称をつけてくれた。一つめは「良い子瞳はパッチリ」二つめは「良い子意味ないわ」である。語呂合わせの得意な人であった。愛車のナンバーに（１２〜２４）が来たとき、何日も命名を考えたが名案が浮かばない。そんなある日、慶大サッカー部で活躍している原田清くんが遊びにきた。彼は清水東高校時代から全国区のスターであった。私は彼の知恵を借りることにした。

原田くんは即座に、いともたやすく「クリスマス・イブ」と言った。あまりの名答に一本参った私であった。語呂合わせだけで迷路をさまよっていた自分がなさけない。この時私は「発想の転換」を学んだ。そして、これには、平素から豊かな想像力や、思考の柔軟性を培っておかねばならぬと感じた。

サッカーでも、スランプに行き詰まったときや、戦術がワンパターンで進展が見られないときには、思い切った発想の転換を試みるがよい。「鱗《うろこ》が落ちる」の例え通り、意外な活路が開けるものである。

竹の節《ふし》にたとえて私の指導経験をつけ加えよう。節に行き詰まって伸び悩む生徒が、いったん節を突破すれば、この位置に留ってはいない。多くの場合、次の節近くまで一気に駆け上ってゆく。スランプを脱却した後に、思わぬ成長の可能性を秘めている。

（Ｎｏ・14より）

ロスタイムの怪

高校野球の甲子園に魔物が棲む、とよく言われる。思わぬアクシデントが起きて、ドンデン返しで勝負が決まることを指す。

サッカーのロスタイムにも、どうやら魔物が棲んでいるらしい。不思議なほどロスタイムに点がはいり、しばしば大逆転劇が生まれるからである。

日本のサッカーファンなら誰しも忘れられない悔しい記憶がある。一九九三年の、いわゆる「ドーハの悲劇」だ。アジア予選の最終戦。この試合に勝てば、日本は初のワールドカップ出場という土壇場のロスタイムにドラマは生じた。

コーナーキックを取られ、あっと言う間に頭で合わされて失点。まさに悪夢の一瞬だった。真夜中にテレビ観戦をしていた私が、「もう大丈夫」と思って、台所へ水を飲みに行った、ほんのわずかの間であった。後で考えると、直前に二つ三つと単純なミスがあった。平常心を失っていたのかも知れない。

私の母校の韮崎高校。中田英寿選手が三年生の時である。選手権山梨予選決勝戦のロスタイムに試合が動いた。一点差で韮崎がリードしていた。あと一〇秒も持ちこたえたら、県代表の切符が手にはいる。帝京三高がシュートを放った。GKの正面に来た。この時、あろうことか名手と言われていたGKはパンチングで返した。これが運悪く帝京選手の前に落ち、シュートを打たれて同点とされ、そこでタイムアップの笛。

延長戦は両チームとも無得点でPK戦となる。これを制した帝京三高が、山梨の県代表を勝ちとった。GKに限らず、韮高イレブンの多くが浮き足立っていた。あと一〇秒という勝利目前で、平常心を保つことが極めてむずかしい例である。

サッカーのロスタイムに魔物は居るのか。もし居るとしたら、選手一人一人の〝心の中〟にひそかに忍び込むのではあるまいか。

（No・17より）

誇り高き俊輔

敢えてスポニチの見出しを借りて、この小文のタイトルとしたい。「誇り高き俊輔」。

――テレビを見ていて、ああ落ちたな、選ばれなかったな……と。でも最後のJリーグ

7試合と、代表で先発した2試合は自分の中で自信になっている。やることはやったので悔いみたいなものはない――。

テレビ中継車5台、集まった報道陣一〇〇人の前で、中村俊輔選手は胸を張ってそう言った。悔しくないはずはない。胸中おだやかであろうはずもない。なのに俊輔はつとめて冷静に、涙さえ見せず、健気に記者会見を果したのだ。

日本選手で最高のレフティテクニシャン。俊輔が代表落選なんて、裏の事情など知らぬ普通のサポーターは、誰一人思っていなかったであろう。協会へ抗議の電話が殺到したという。俊輔人気の高さの証明である。

選手の決定や起用は監督の特権――と百歩下がってがまんするとしよう。しかし、代表選手発表の場に、かんじんのトルシエ監督が不在だった、というのが腑に落ちない。ある有名人は「敵前逃亡」と言ったし、ある新聞は「小心者」とも皮肉った。

私がかつて教育の現場にあった時、卒業生に次のことばを贈ったことがある。

「迷った時は枝葉でまごつくな。根に近い幹にもどって考えよ。考えが決まったら、胸を張って進んでごらん。道はきっと開ける」この考えは私の生活の信条である。

「W杯に出たメンバーよりも、終わった後に強くなっていればいい」と俊輔は語った。

桐光学園サッカー部諸君よ。誇り高き俊輔先輩に学ぶがよい。さぞ悔しかったであろう先輩のためにも、インターハイや選手権で、桐光の青き旋風を巻き起こそうではないか。大勢のファンが後押ししている。

（No・19より）

ヒーロー誕生

4月16日、日本代表対韓国との親善試合はロスタイムにドラマが生まれた。後半30分にゴンこと中山選手に代わって出場した永井雄一郎選手のシュートが決まり、日本が劇的勝利をおさめたからである。

この瞬間私は、ブロードウエイミュージカル「42nd Street」が頭をよぎった。骨折で舞台に立てなくなったベテラン女優の代役に抜擢された新進女優のシンデレラ物語である。舞台へ送り出す演出家のことばが印象に残る。

――きみは今は無名だ。だが舞台を引っ込む時は大スターだ――。永井選手はすでに名のある選手ではあったが、日本代表としてはデビュー戦。試合終了の笛が鳴ったあとは、明らかに日本のヒーローに変身した。ジーコ監督の期待に応え、短い時間に大仕事をやってのけたわけだから。

サッカー専門家ではない私であるが、日本サッカー界のためにざっと次のことが考えられる。

①ジーコジャパンに待望の一勝をもたらした。②長い期間持ってきた韓国へのコンプレックスを吹きとばした。③点が取れないという日本のFW陣に活力を与えた。④埋もれている選手たちへの発奮剤となった——等。

永井選手に運があったとも言えるが、あくまでゴールに迫る執念が実った、貴重な一点であった。ヒーローが攻撃陣に目立つのは、ある程度止むを得ない。しかし、一試合をふり返ると、あの時のあのプレーが試合を決したという大事な局面は必ずあるものだ。ヒーローになるチャンスは守備陣も同様である。要はこの時、冷静かつ果敢に、最高の力を発揮できるかどうかにかかっている。日々の精進が望まれる。清水東高校をひきいて、全国制覇を成しとげた勝澤要監督はこう言われた。「スターは要らないがヒーローは欲しい」

（No・22より）

闘う姿勢

毎年そうであるが、私は一年生諸君に大きな期待を寄せている。フレッシュな新戦力がややマンネリ化しそうな上級生を突き上げて「うかうかして居られないぞ」の緊張感をもたらす。この結果、チームの戦力が底上げされて、更に強いチームが生まれるのを見るのが好きだからである。

今年の7月5日、桐光のグランドで桐光対清水商のU—16の試合を観戦できた。精鋭揃いの桐光一年生はしばしば「おうーっ」とうならせるような好プレーを観せた。激しく闘う姿勢が小気味よく、強豪清水商に2—0。スコア以上に内容は上出来の印象を受けた。

一方、上級生中心のインターハイ予選。私は準決勝と決勝の二試合に駆けつけた。ここ二年ほど、月の大半をふるさと山梨で過ごしている私にとって、まさに「駆けつけた」わけである。準決勝は5—1、決勝戦は4—0と危なげなく神奈川第一代表切符を手に入れた。「今年の桐光はちがうぞ!」が私の実感。

これまでも、スピード・テクニック共に優れ、華麗なサッカーを展開するのが桐光の特色であった。だが時として「これが桐光か」と、がっかりさせられたことも一度や二度ではない。今年はちがうぞ——の桐光学園は、1対1の競り合いにも負けない。ここぞとばかり攻め上げ、得点をものにする「たくましさ」や「猛々しさ」が備わってきたことに注目したい。このことが、U—16やインターハイ予選において、スタンドの応援の目を奪うのだ。

八年前の正月選手権で決勝戦まで勝ち進み、国立競技場を沸かせた桐光チームが、私の目の前を彷彿とする。「闘う姿勢」の充実した桐光ならやってくれそうだ。いつにも増してはずむ心で、私は今年の桐光イレブンを見守っている。

（No・23より）

健ちゃんと私

最近我が家では横山さんの本が流行っています。特に父は、昔の高校サッカーのファンだけに、かなり楽しく読んでいましたよ。本って、いいですね。何か横山さんがカッコよくみえました。さて、今年の高校サッカーですが、ずばり優勝は東福岡でしょう。守りのしっかりしているチームが、選手権では勝つ!

右は、一九九九年に健太郎くんからもらった年賀状である。予言通り、東福岡高校が見事、高校サッカーの頂点に立った。

健太郎くんに初めて会ったのは、これよりさかのぼること一〇年。一九八九年一一月四日であった。場所は世田谷区にある駒沢競技場。高校サッカー選手権の東京予選準決勝戦が行われ、私は私立暁星高校の応援に来ていた。

紺のジーンズに丸首の白いセーターで細身の身体を包んだ少年が、スタンドの上段から舞い降りたごとく私のとなりに座った。色白で少し神経質そうな顔をみた瞬間、私は童話に出てくる妖精かと思ったほどだ。

ふたこと三こと話しているうちに、彼は多摩地区の中学二年生でサッカー部員、都立久留米高校の応援に来ていることがわかった。

「きみ、東京の高校のほかに知ってる学校あるの？」

「うん、韮崎高校と清水東高校」

涙の出そうな嬉しい答えがもどってきた。私は、古豪の山梨県立韮崎高校の旧制中学時代の卒業生なのだ。さかのぼること六年、選手権の決勝はみどりの韮崎対あおの清水東の対決となった。韮崎の誇る名ＦＷの羽中田昌は、ドクターストップがかかっており、後半二〇分から出て、ドリブルで持ち込み強烈なシュートを放った。これを膳亀ＧＫが見事にセーブし、六万近い国立の観衆を湧かせたのは語り草となっている。優勝した清水東とこのあとご縁ができ、私は清水東のファンでもあった。

「おじさん、ぼく友だちに、ことしの優勝を韮崎に賭けているんですよ」少年は更にことばを続ける。「お正月には、いっしょに韮崎の応援にいきましょう。ね、おじさん」

小春日和に誘われて、初対面の健太郎くんとこんな約束まで交わしてしまった。

メルヘンの世界を持てり冬帽子

この日から一〇日後に私は入院してしまった。手術、検査、また検査、あげくには思い出しても恐ろしいカテーテル検査までさせられて、私は体も心もすっかり参ってしまった。二カ月以上にのぼる病院を退院してからも、約四年間も自称冬眠生活が続いた。

健太郎くん（以後、健ちゃんと表記する）は一人で千葉会場まで応援に行ってくれたあと、病院に母上といっしょに見舞いに現れた。

「韮崎はきれいなサッカーを展開しました。いいチームでした」と健ちゃんは報告する。でも一点差の敗戦で、韮崎優勝の賭けが崩れて気の毒だった。

冬眠中に二度か三度手紙を書いたが、一度も逢うチャンスはなかった。彼は都立高校に進学した。多分、三年生の頃だったと思う。或る日不意に健ちゃんから電話がかかった。理由も言わずに、長い時間泣きじゃくっていた。「どうしたの？」と聞いても泣くだけだった。「もう切ろうよ」と言っても泣いていた。傷つきやすく繊細な心の持ち主なんだ……と、このとき感じた。

四年間の冬眠のあと、私は開き直った。そして以前にもまして行動人間が復活した。

健ちゃんの高校卒業前後かと思うが「一度逢おうよ」ということになり、新宿小田急百貨店一〇階の三省堂書店で待ち合わせた。健ちゃんは身長一七五センチぐらいに成長し、初対面のときの印象より少し変わっていた。つまり普通の高校生のように多少ワルになっていたのだ。「面白い子になった」と私はむしろ好感を持った。食事をして、コーヒーを飲んで、学校のこと、女の子のこと、競馬のことなど、楽しそうに語ってくれる。中学生の頃のやや神経質な表情は失せていた。夜も更けてきたのに健ちゃんは「パチンコをやりたい」と言い出した。歌舞伎町のパチンコ屋にはいったが、ふだん興味のない私は、一、〇〇〇円ほどのパチンコ玉はすぐに無くなる。健ちゃんは自分が稼いだ玉を両手にすくって持ってきた。かなりの熟練者のようだった。

一浪した健ちゃんは経済大学に入学。日本のサッカー界はJリーグが始まった。チケットがはいったとき誘うと、喜んでかけつけた。健ちゃんの解説は堂に入ったもので私を感心させた。国立競技場でアルバイトをしたり、街の少年サッカーチームのコーチをしたり、サッカーに携わっていることが幸せそうであった。車の免許を取得したとき、自らの運転で拙宅まで報告にきた。散らかった私の部屋の本棚を眺めたり、ＣＤを手に取ったりしてニコニコしていた。

大学が夏休みにはいった或る日、逢ってほしいと電話がきた。新宿の銀座アスターで昼食をとったとき、「夏休み中に一カ月ほど中国へ研修に行きます」と健ちゃんは言った。

「中国！　ぼくも行ってみたいな」

食事のあと健ちゃんは、ちょっと口ごもりながら「お願いがあるの」と切り出した。「ジャージが欲しいの、中国でサッカーをやってきたいから」二人してスポーツ店にはいり、健ちゃんはお気に入りの上着を選んだ。「ズボンは要らないの？」と聞くと、「えっ！上下買ってもいいの？」と顔をほころばす。健ちゃんから物をねだられたのはこのとき一度だけである。「卒業したら中国関係の仕事をやりたいな」と目をかがやかせていた。

一九九九年三月に健ちゃんは大学を卒業し、ある金融会社に就職した。スーツやネクタイの健ちゃんを想像しにくい。

冬眠後といえども、健ちゃんと実際に逢ったのは年に二回ぐらいであるが、ウマが合うというか、心の通う「老人」と「青年」であった。「ぼくが社会人になってから、力になってくれる人」と、私のことを健ちゃんは言った。

一九九九年九月中旬、たまたまマリノスの中村俊輔選手からJリーグのチケットを贈られた。例によって健ちゃんに話したら、「二枚でもいいですか」と彼は聞く。「いいよ」と答えると、気だてのよさそうな女子大学生を連れてきた。横浜の新競技場でマリノス対ヴェルディの好ゲームを観戦。俊輔選手のシュートを決める場面もあって気分がよかった。帰りがけに三人は新横浜駅前のビアホールで乾杯。ウエーターもおどろくほどよく飲みかつ食い、いつになく別れ難くよもやま話に打ち興じた。

健ちゃんは自分の会社のサッカー部で活躍したり、三級審判員の資格をとって協会から派遣されているとも言った。

「そう、健ちゃんのレフェリー姿をこんど見に行くね」

「いいけど、少し上がっちゃうかもね」

健ちゃんは二四さい。純情で正義感が強く、晴れやかな顔がそこにあった。

一カ月後の一〇月二三日。翌日からの中国旅行に備えて、私は早めの床に就いた。そのとき枕もとの電話のベルが鳴った。健ちゃんの母上からである。

「お世話になりました健太郎が昨日亡くなりました」

「えっ！　一体、何があったんですか」

「だまっていては、健太郎が心残りではないかと……それでお知らせします」

受話器をおいたあとも、しばらくは放心状態だった。〝健ちゃんが死んだ……なぜ？〟

黒っぽい服に着がえて家を出た。電車の中でも頭の混乱は解けなかった。

こんなかたちで初めて健ちゃんのお宅を訪問するなんて夢にも思わなかった。健ちゃんにもっと長生きしてもらいたかった。楽しいこともあっただろうに――。

柩のおかれた部屋に、健ちゃん愛用のサッカーユニホームが飾られていた。七五三のかわいい袴姿の写真、生徒証に貼られた写真、運転免許証の写真、コーチをしているサッカー少年たちと一緒の写真。健ちゃんの育ちきし歩みの写真に、ご両親の悲しみがこもり、お悔やみの言葉さえ出ない。

「健太郎は、横山先生を尊敬し、親より慕っていたほどです」

涙ながらに、もったいない言葉を聞かされて胸がつまった。もっと大事にしてあげればよかった。彼の生前に大した力にもなってあげられなかった自分が悔やまれる。「ぼくの墓参りに来てくれる約束だったじゃないか」物言わぬ健ちゃんに話しかけた。あまりの突然に涙も出なかった。

通夜にも告別式にも参列できない私は、健ちゃんの写真を抱いて、彼がこよなく愛する中国の旅に出た。何事もなく無事に帰れたのは、健ちゃんが守ってくれたから、と思っている。

納骨の日の多摩丘陵は、初めて健ちゃんと会った日のように、一二月には珍しい小春日がひろがった。

納骨にそへし手紙や冬日濃し

（「青淵《せいえん》」二〇〇〇年三月号）

奮い立て　VF甲府

昨年の一一月六日。VF（ヴァンフォーレ）甲府対仙台ベガルタのナイトゲームは異様なムードを孕んでいた。仙台のJ1昇格のかかる重要な試合だったからである。

ここはVF甲府ホームの小瀬競技場。J2最下位の甲府と、好調2位仙台の勝負は、常識的に見れば甲府の勝ち目は薄い。スタンドには、百人にも及ぶ報道陣が散在していた。

ところが、サッカーという競技は恐ろしい。VFが完璧な試合運びをやってのけ、3対0で仙台に快勝してしまった。甲府サポーターの歓喜の渦はいつまでも収まらない。だれ彼となく握手を交わし「やればできるじゃん」と、これまでの不甲斐ない戦績をすべて水に流し去り、勝利に酔いしれていた。

この夜、試合開始直前のスタンドに、清水エスパルスのコーチ大木武さんの姿を見つけた。会社の強化部長という方と二人連れであった。大木さんとは、いろいろとご縁があり、私とは一〇年来の若き友人である。海を見下ろす日本平のホテルで大木さんの結婚披露宴が開かれた時、私も招かれて参上した。当時の大木さんは清水エスパルスのサテライト（二軍）の監督で、若手選手の指導者として名を成していた。当然若いコーチやマネージャーも祝宴に加わっていた。宴が大詰めに近づいた時、思わぬハプニング？　が起きた。大木さんを兄貴と慕う若手のサッカーマンたちが、感極まってボロボロと涙をこぼし、泣き出してしまったのである。想像するに、愛する智子夫人を迎えることが叶った新郎の胸中を察して、感動が込み上げたのであろう。大木さんを筆頭に若きサッカーマンたちは、みな純情で熱血漢であった。彼らの心根が私の胸を打ち、思わず目頭を熱くした。数々の結婚披露宴に出席した私ではあるが、このような涙に咽ぶ場面に出合ったのは初めてである。

大木さんは文武両道の名門清水東高校から東京世田谷通りに在る東京農大に進学。清水東高校サッカー部の、私と仲の良い卒業生たちの先輩に当たる。東京農大は私の住む砧からは、バスに乗って一〇分位で行ける近さだ。世田谷界隈は大木さんの学生時代のなつかしい土地柄であることを、後に頂いた手紙で知った。

私はかなり手紙を書く人種である。大木さんからも忙しい合間を縫ってよく手紙をもらう。ご自身のサッカーに対する理念、悩み、理想と現実のギャップ等々。サッカーの専門家でもない私などに、真摯な気持ちを寄せてくださる誠実な方である。なにより、サッカーや人間の生き方について哲学を持っている。とかくちゃらんぽらんの面を持つ私などとは対照的で、私は若い大木さんに敬服し、一目置いてつき合い、今日に至っている。

話を戻そう。仙台に勝った余韻さめやらぬ私の席へ大木さんが現れた。「甲府はいいチームじゃないですか」と、ひとこと言って手を差し伸べてくれた。そして、観衆にまぎれて清水へと帰って行かれた。

一昨年（二〇〇〇年）のシーズンを終えた時点で、J2のVF甲府は重大な危機に立たされた。四億円にものぼる累積赤字をかかえ、経営のメドが立たなくなったからである。継続を望む熱心なサポーターが立ち上がり、署名集めや寄付金集めに奔走。主要株主の山日YBSグループ、山梨県、甲府市、韮崎市のトップ会議が持たれる。結果、一応二〇〇一年は継続することが決まった。経営はマスコミの山日YBSグループが当たることになり、社長には山日から海野一幸氏が選出された。経営委員会の前記四者側から、二〇〇二年に繋ぐための三つのノルマが課せられた。

①クラブサポーター　五、〇〇〇人
②平均入場者　　　三、〇〇〇人
③広告収入　　　五、〇〇〇万円

海野社長の陣頭指揮のもと、フロントスタッフの活動が目を覚ました。とかく燃えにくいといわれる山梨県民を相手に、サポーターの幹部を先頭とした涙ぐましいまでの存続活動が展開される。テレビやラジオの徹底したキャンペーンが、昼も夜も繰り返された。

ブラジルからヘイス監督を迎えた。選手編成は泥縄式とまではゆかぬまでも、にわか作りの域を出ることはなかった。碌なキャンプも張らないままにシーズン入りとなる。監督と選手間の言葉の問題もチグハグらしく、戦っても戦っても負けが重なる。年間十数億から二〇億円近い予算で選手の補強をする裕福な球団に比べ、およそ二億円ほどの年間予算で賄わねばならぬVF甲府である。選手はがんばりはするものの、実力の差は歴然としていて、どうにも解決しようのない悔しい試合を重ねてゆかざるを得ない。結局、最終の成績は、8勝2分け34敗で、三年連続の最下位に甘んじた。それでも、三つのノルマを達成できたのは上出来で、二〇〇二年の存続が決まった。単年度収支では、いくらかの黒字を出せたと聞いた。体を張った経営努力に頭が下がる。

決まった練習場もなく、諸施設もままならぬVFは、かなりの不自由を選手たちに強いての黒字計上であることに間違いなかろう。

去年一一月二三日の山梨日日新聞のスポーツ版―そのトップを飾ってVF甲府新監督に、大木武さん正式発表の記事が載った。対仙台戦のスタンドで逢った時から、もしやと思ってきた予感は当たった。

清水エスパルスで、アルディス、ペリマン、ゼムノヴィッチという名将三監督のコーチを務め、戦術も戦略も間近に見てきた大木さんである。海野社長の「将来のエスパルス監督と目される人材を迎えられることは大変ありがたい。実績は申し分なく、若手育成に定評がある熱血漢と聞く」という談話を紙上で読んだ。監督一人が代わったからといって、チームが一気に飛躍すると考えるほどJリーグは甘くはない。しかし、「私のこれまで得てきた『経験』と『情熱』を甲府のために生かしたい。非常に楽しみ」とコメントを発した大木新監督に、VF甲府サポーターの期待はいやが上にも高まる。新しいコーチに、保坂孝さん（筑波大学出身）と坂本武久さん（明治大学出身）の二人も決まった。どちらも韮崎高で鳴らした私と仲の良い後輩だ。四〇さいの青年監督と二コーチのトリオが新生VF甲府チームを引っ張ることになる。セレクション（選手入団テスト）に二〇〇人を超える選手が願書を出した。雨降って地かたまるの証しと見たい。

経営委員会は、昨年を上まわる更なるノルマを課してきた。平坦な道ではない。とりわけ、クラブサポーター六千人という数字が最も心配されると聞いた。

地域に密着したチーム作りがJリーグの理念である。世界に通用する最高・最大のスポーツがサッカーである。Jリーグ発足十年を経たが、ヨーロッパや南米などの先進国に比べて、日本は残念ながら「生活」と「文化」としてのサッカーがよく根づいていない。ワールドカップが終われば尻つぼみ、とのささやきも聞かれないわけではないが、ここはサポーターが奮い立ち、ひ弱い地盤を底上げするのが肝要だと思う。

人口が九〇万人に満たない山梨県。大企業も少ない。年毎に新しいノルマを課せられたら、関係者は毎日が「針のむしろ」の心境であろう。ここは発想を転換してもらいたいというのが私の願いである。つまり「存続を大前提」とし、その上に立って経営戦略を企画・実施してもらいたい。天野知事の言われる通り、一〇、〇〇〇人のクラブサポーターを得られるのなら先ず見通しは立つ。こんな暗い時代だからこそ「おらが球団」の意識のもと、県民の元気の源の拠りどころとしてVF甲府を郷土の誇りとしようではないか。それには一つでも多くホームで勝ってほしい。勝てばサポーターたちは幸せを感じ、また次のゲームにいそいそと歩を運ぶにちがいない。
大木監督は、夫人と三人のお子さんたちといっしょに甲府に移り住むという。桃の花が山峡の郷を染める四月は間近い。「武田の里」を案内して差し上げる楽しみがひとつ増えた。

（「青淵《せいえん》」二〇〇二年三月号）

私とサッカー二〇〇二

山梨日日新聞スポーツ版に「12番目のイレブン」というコラムが載る。このコラムは、ヴァンフォーレ（ＶＦ）甲府のホームゲームを行う日の朝刊に、熱烈なファンを写真入りで紹介する記事である。『青淵』の二〇〇二年三月号に私は「奮い立てＶＦ甲府」と題するエッセイを発表した。崩壊寸前のＶＦ甲府が、清水エスパルスから大木武監督を迎え、新生甲府の船出をした。自治体も経営陣もサポーターも、もちろん選手諸君も一体となって、郷土の宝としてＶＦ甲府を盛り上げようではないか。私にしては珍しく気持ちの高揚した内容であった。

早春とは名のみの冷たい風が襟もとをかすめる頃、私はスタンドから新生ＶＦの練習を見に来ていた。この時、山梨日日の担当記者から私は取材を受けた。記者は今シーズンのトップバッターとして、私を「12番目のイレブン」に取り上げたいと話した。二〇〇二年三月九日に載ったコラムの全文を次に紹介したい。

——母校、韮崎高校サッカー部を長年追いかけ、韮崎高OBが多かったこともあって甲府クラブ時代からVF甲府を応援している。双葉町塩崎に借家したのも両チームを見たいからだ。

スピードのある選手が好きなので、矢野隼人・江後賢一両選手に期待していたが、けがをしてしまったのが惜しい。石原克哉選手は高校一年の頃から光っていた。一〇年来の知り合いの大木武さんと、昨年の対仙台戦スタンドで会った頃から、「もしや」と新監督就任の予感はあった。

先に2点取られても、開幕戦（横浜FC戦）は違った。福岡に楽に勝たせてもらえるはずはないが、今年のVF甲府は非常にフレッシュで、十分勝つチャンスはあると思う。

山梨県人はとかく燃えにくいといわれるが、サッカー観戦など趣味のためにお金を使ってほしい。毎年、存続のための目標を設定するのではなく、「存続が大前提」と発想を転換し、目標を達成して行きたいものだ。——

記事は右の通りである。取りとめもなく私の話したことを、少ない字数で手際よくまとめあげた鷹野記者の腕に恐れ入った。

サッカーに詳しい方には余計なことだが、一応説明しておく。Ｊリーグには一部リーグ（通称Ｊ１《ジェイワン》）が現在16チーム。二部リーグ（Ｊ２）が12チームある。Ｊ２は一シーズン四回戦総当たりのリーグ戦を闘う。通常サッカーの試合は、ホームゲームとアウェー（相手チームのホームで）の試合をする。したがって12チームの年間試合数は、ホームで22試合、アウェーで22試合を闘うことになる（天皇杯、ナビスコ杯は別）。

前年までにも増して、私はＶＦのホーム球場の小瀬競技場へ通いつづけた。大木ＶＦ甲府は、三年間最下位だったチームとは別物のように、はつらつたるプレーを見せてくれた。勝てばサポーターが増える。サポーターの熱気に応えて選手もふんばって勝つ。このように循環がうまくいって第一ステージを終えた。

さて次は、日韓共同開催によるサッカー世界選手権（以下、Ｗ杯と表記）である。新聞や雑誌ですでに語りつくされているので、今さら私が報道のような記録を書いたところで意味は薄い。ここでは私の感情や印象を記述してみることとする。

トルシエ監督と日本サッカー協会との軋轢は、あとを絶たなかったようだ。相当に個性の強い人物とお見受けした。

トルシエジャパンの最終メンバーに中村俊輔選手が外されたのは、大きなショックであった。俊輔選手は神奈川県にある桐光学園高校の出身で、高校時代にしてすでに、全国区の超花型選手であった。桐光学園高校サッカー後援会の機関紙『Ｋｉｃｋ　Ｏｆｆ』にミニエッセイを頼まれて、もう二〇回近くも執筆してきた私としては、いや私のみならず、日本のサポーターの大多数は、よもや華麗なる左脚のプレーで酔わせる俊輔選手が外されるとは、夢にも思っていなかったのではあるまいか。

選考にもれた俊輔選手は、百人に及ぶ報道陣を前に記者会見をやってのけた。「Ｗ杯が終わったあと、選ばれた選手より強くなっていればよい」と。日本人はもともと判官びいきの要素が多い。頼朝より義経の方が人気が高いのだ。悔しさを内に秘めて健気にも記者会見を果たした俊輔選手には、今まで以上に人気が集まった。

車椅子の解説者でスポーツエッセイストの羽中田昌氏が、静岡県にあるエコパ競技場の準々決勝戦のチケットを回してくれた。新幹線で掛川駅まで行き、降りてからシャトルバス。終点から三五度を超す炎天下を二〇分ほども歩いてスタンドについた。

試合はベッカムのいるイングランド対ロナウドのブラジルだった。世界最高峰の試合を目の前で見て幸せだった。２対１でブラジルが勝った。静岡のホテルのエレベーターに乗り合わせた初老の婦人二人から、「ベッカムはいかがでしたか」と聞かれた。「イングランドが敗れました」と話すと、ひどくがっかりした顔をなさった。芸能界のスターを上まわるベッカム人気となった。サッカーに無縁と思われる女性たちから老人に至るまで、テレビにかじりついた。

個人技のブラジルと組織力のドイツというキャッチフレーズの決勝対決となった。結果はブラジルの優勝で、一カ月に及ぶ夏の夢は幕を閉じた。ドイツの主将で、名GKのオリバー・カーンが、ネットの前にへたり込む傷心の姿がテレビに映った。無念さのにじむ表情をカメラが巧くとらえた。

後に、ある音楽評論家が「ブラジルが勝ってよかったのではないか」とラジオで言っていた。いま日本の社会は組織を重視して成り立っているが、個々の力が高まってこその組織力であることを言いたいらしかった。

俊輔選手はW杯のあと、イタリアセリエAのレッジーナに移籍して評価を得、連日の紙上を賑わせている。

世界のサッカーに酔う一方で、私はJ2のVF甲府の第二ステージが早く再開されればいいと内心思っていた。私の心の中に、地域に根ざしたサッカー本来の姿がふくらんで来た証拠である。思えば、ベッカム、ジダン、ロナウドたち世界最高の選手も、もとはと言えば、それぞれの国の地域に生まれ育った少年たちである。

日本サッカー協会は二〇〇六年を目ざして、ジーコ氏を日本代表監督に選んだ。トルシエに悩まされた？　協会が日本をよく知るジーコ氏を選んだ、という人もいる。それはともかく、ジーコ氏のもとで、日本の若い選手たちが更にたくましく成長してくれるのを望むや切である。

ＶＦ甲府は勝っても勝っても七位から上がれない。つまり上位と下位が離れてしまったので、数試合を残した時点で七位以上が確定した。大木監督は山梨県人に勇気と希望を残し、来季はＪ１清水エスパルスの監督となる。大木氏の言葉によると「戻る」のではなく「行く」のだそうだ。海野社長を先頭にした経営努力によって、ＶＦ甲府が昨年に続き単年黒字になったことも喜ばしい。監督には新しく、清水エスパルスのコーチだった松永英機氏が就任。二〇〇三年の闘いが始まろうとしている。

高校サッカーについて触れるスペースがなくなったが、ひとことだけ述べておく。

日本サッカー協会の推進方針もあって、高校世代のＵ―18、Ｕ―17などのクラブチームが増えてきた。ヨーロッパの先進国に倣ってのことであろう。八一回の伝統を誇る正月の高校サッカー選手権が最高のものでなくなるとか。

同世代のクラブチームと高校が入り混じって闘い、王者を決めるらしい。だがヨーロッパと社会の仕組みの異なる日本では、母校と郷土の名誉にかけて闘う高校選手権は、クラブチームでは得られない感動を与えている。正月、決勝戦まで連日競技場に足を運んだ私は、このことを強く再確認した。高校とクラブチームの共存共栄を望みたい。

ベッカムにジダンロナウド夏の夢

（「青淵《せいえん》」二〇〇三年三月号）

健闘！　都留高校

日本サッカー協会の主催で、今年から「プリンスリーグ」が始まった。U―18世代で最も権威ある大会にしようと、協会が力を入れている。

関東地域では、前年度の実績をポイント制にして、関東八県から各県の高校チーム二校が参加。これにJ1チームの上位四チームがはいって計20チームとなる。これをA組B組に分けてリーグ戦を行なった。

山梨県の高校勢では、甲府工業と韮崎高校が出場した。全試合が終了して、山梨勢は両校ともダントツの最下位となった。甲府工業はなんとか一勝はしたものの、韮崎は九試合のうち一勝すらできず、得点が6、得失点差がマイナス28と、惨憺たる結果に終わった。国体も三年続けて出場権を失った。山梨県高校サッカーの地盤低下は情ない限りである。過去の栄光が泣いている。

こんな状況下にあって、県立都留高校が光っている。春の関東大会予選と、六月のインターハイ予選を観て、私はそう感じた。

私が特に注目した選手はＭＦの知見《ちけん》正彦くんである。きびきびしたプレーが気持ちよく、コーナーキックを担当していた。試合終了後に、窪田弘樹監督に頼んで、知見くんを紹介してもらった。グラウンドで二こと三こと立ち話をした。

都留高校はもう一歩のところでインターハイ代表権を逃がしたが、ボールを前線に運ぶトラップ、パス、スピードは見応えがある。今年の山梨県ナンバーワンチームと私は見た。

八月の終わりに都留高校を訪れた。甲府から各駅停車で大月に降りた。特急あずさで年間二〇回以上は通る駅であるが、降りて町を歩くのは初めてだった。思いのほか狭い町並で、低い山が幾つも迫っている。この中に、歴史の古い、旧制県立都留中学校後身の、都留高校があった。窪田さんは、韮崎高校ＦＷの選手で、真面目な生徒だった。この日は「職員会議でおかまいできなくてすみません」と忙しい中をグラウンドまで挨拶に来てくれた。

練習は自主練習の形となった。三〇数名の部員は、気負う様子もなく、伸び伸びとしたプレーを観せてくれた。合い間をみて、知見選手と少し話した。「都合のよい時でいいから電話をして欲しい」と名刺を渡して校庭を去った。

知見くんからその日の夜に電話があった。彼の実行力と誠意が嬉しかった。暗示をかける意味もあって半ば本気で、超能力がある、と話したりする私は「ぼくが注目した人はきっと大成するよ」と言ってあげた。

知見くんから手紙をもらった。きちんと書いた字で、文章もしっかりしている。「桐光学園と一度だけ試合をしたことがありますが、7―0で負けました。何一つプレーさせてもらえませんでした」と正直にのべている。

韮崎高校の清水利生、有賀正人や、VF甲府ユースの山下大輝たちとも同期の年代で、メールの交換をしている。利生くんに私のことをたずねたらしい。「横山先生には小学生の時からよくしてもらっている」と返信が来た、とも書いてあった。さらに「卒業したら大学に行ってサッカーをしたい。東洋大学の練習会に二度行ってきました」ことも知らせてくれた。私の超能力によれば、こういうしっかりした子は合格するにちがいない。

「恥ずかしくて、先生に手紙なんて書けません」と謙遜する若者がいる。だがそれは違う。文章が巧いとか、そうでないとかは問題外である。飾り気のない自分のことばで、素直に書いてくれた手紙をもらうと私は嬉しくなる。こういう人を応援してあげたい、大事にしたいと心がはずむ。

天皇杯の山梨県代表を決める決勝戦が、九月七日に、富士北麓公園球技場で行なわれた。晴れていれば、すぐ目の前に大きな富士を仰ぐ景色のよい場所にある。

対戦は関東リーグ一部に位置する韮崎アストロス対都留高校であった。高校チームが決勝戦に進出したのは初めてとのことだ。キックオフは午後一時。

韮崎は私の出生地である。アストロスには韮崎高校で活躍した仲のよい後輩がいる。楽ではない経済情勢に負けず、好きなサッカーに打ち込んでいる社会人チームである。ささやかながら、私も後援している一人だ。

格上のアストロスに対して、私の注目する都留高イレブンがどんな戦いをするか。応援しようと北富士に走った。登るにつれて霧が深くなる。球技場に着いた時には、濃霧が富士の姿を完全に消したのはもちろんだが、グラウンドで球を追う選手の姿も見えぬ有様となった。ＮＨＫがテレビ放送をする。知り合いの横井・若月両アナウンサーも当惑気味であった。「大変なことになりましたね」と言葉をかけた。

アストロスの小泉選手（現市川高校教諭）が「一一人のジャンケンで勝敗を決めるそうです」と言ってきた。こんな冗談を真に受けるほど事態は深刻だった。

三〇分遅れで試合開始。スタンドからは何も見えない。横井アナウンサーの声が後方から聞こえる。見えているのかな？　何かの拍子に数秒間だけ、薄ぼんやりと選手の動きが浮かぶ。昔、お祭りのサーカスで、場外の人の気を引くためにちょっとだけテントの幕を上げて見せた。そんなことを思い出す。選手も相当につらかったに違いない。

都留高校はアストロスに対して互角に戦った。前半終了近くに1点取られた。霧雨が体にしみこむ。休憩時に、私は車まで上着を取りに行ったほどだ。

——先制された都留高は、後半積極的なプレスでボールを奪い、前線の水越圭介、中込利彦にボールを送って好機をつくった。23分深須健太の左サイドからのクロスを、中込がGKと競り合い、流れたボールを水越がヘディングで決め同点とした——。これは翌日の山梨日日新聞の記事である。スタンドから、このような動きは全然見えなかったが。

1対1で延長戦にはいった。延長の6分に、ゴール前の混戦を吉沢隆行選手が押し込んで、苦戦の末に、韮崎アストロスが勝利を手にした。吉沢選手は都留高出身で、現在の三年生が一年の時に主将を務めた人である。「高校生に負けるわけにはいかない」と先輩は語った。GKの相馬裕介くんがハンブルしたところを押し込んだらしい。何も見えないスタンドは、あれよあれよの決着であった。ファールではないか、と抗議したらしい相馬にレッドカードが出た。後味のよくない結果だった。

傷心のイレブンは声を殺して泣いた。知見くんを撮ろうとカメラを持参した私だったが、遠慮してシャッターチャンスを失した。かなり時間が経って一段落したあと、知見選手が笑顔を見せて友達と話していたのが救いだった。

それにしても、このような濃霧の中で、公式戦が成立してよいものであろうか。勝った方もすっきりしない。大いに疑問が残った。

相馬選手よ、済んだことをくよくよするな。次を目ざして前を向け！

翌日の山梨日日は「闘志前面に堂々のプレー」の見出しで都留高校をたたえた。

ぬるま湯に浸かったごとく、マンネリでふんぞり返っている一監督が、弱体チームの責任は、山梨県の育成体制や、小中学校の指導に問題があると言ったのを紙上で見たことがある。そうかも知れぬ。だが、五年一〇年先でないと成果が現れないことを指摘する前に、今、自分があずかっている生徒たちを、存分に伸ばす努力を、自らが怠っていないかどうか。生徒たちに心から信頼されている監督であるかどうか。反省してもらいたい。生徒の高校生活は、待ったなしの三年に限られているのだ。

沈滞いちじるしい山梨県高校サッカーに、さわやかで、新しい風を吹き込んでくれた都留高校に拍手を送る。アストロスと闘う直前に、円陣を組み、雄叫びをあげた都留校イレブン。あどけなくも勇ましい姿が、私の目に灼きついている。明るいチームである。

そして、高校サッカー選手権予選は、もう間もなくＫＩＣＫ　ＯＦＦ。

（二〇〇三年九月）

平成の川中島合戦

サッカーJリーグ2部（J2）のヴァンフォーレ甲府（VF甲府）は三〇日、県外で初めてのホーム試合を長野県松本平広域公園総合球技場アルウィンで開催し、首位アルビレックス新潟を2―1で敗る金星を挙げた。

4位と好調なVF甲府と、首位を独走する新潟との上位同士の激突とあって関心は高く、観衆は一三、〇四三人と、VF甲府のホーム試合として過去最多を記録した。（中略）

戦国時代、川中島（現在の長野市）を舞台に繰り広げられた名将武田信玄（甲斐）と上杉謙信（越後）の好敵手同士の激戦にちなんで行った「平成の川中島合戦」。試合前は両チームのサポーターが武者にふんし、信玄と謙信のパフォーマンスも披露。ピッチ同様、観客席でもサポーターの白熱した応援合戦が繰り広げられた。

―山梨日日新聞8月31日一面の記事より―

ＶＦ甲府の筆頭経営母体である、山日ＹＢＳグループは、早くから「平成の川中島合戦」を報道し、サポーターの観戦を呼びかけていた。甲府のホーム球場のある小瀬駐車場と、韮崎に在る北巨摩合同庁舎をバスの起点とし、多数のサポーターを乗せて、松本に運ぼうという企画である。バス代は往復一、〇〇〇円の安さ。年間のクラブサポーターは入場料がタダだから、一、〇〇〇円で夏休みの終わる一夜を、サッカー観戦で楽しめるわけである。

自分のトシをも省みず、かなりＶＦ甲府に熱している私としては、もちろんバスに申し込んだ。韮崎高校サッカー部を、こよなく愛している仲沢さんも一緒である。私たちの乗ったバスは一一号車であった。

バスは韮崎インターから中央高速にはいる。今にも泣き出しそうな空模様だ。せめてあと五時間ほど天気が保ってくれればいい。約一時間ほど走って塩尻北というインターを出る。松本平は思ったより広くて平らだ。空港に近い場所に、スマートな球技場アルウィンを確かめることができる。すでに新潟のサポーターも見えていた。二時間後に迫る合戦を思い胸が高鳴る。

正面の側から見て左側がホーム甲府のサポーターの席。右側が新潟の席である。

スタンド席は一人一人の分がゆったりして広い。国立競技場よりはるかに快適である。何より陸上のトラックがないので近くで見られる。新潟側のゴールの後方に陣取り、だいだい色一色の応援ユニフォームで、旗をあげて歓声を上げる新潟サポーターの数の多さに圧倒される。ホームゲームでは、常に二〇、〇〇〇人以上のサポーターを集める新潟勢の強力サポーターである。統制がとれていて歌にしろ拍手にしろ、なかなか見事であった。来季Ｊ１昇格を狙う新潟ならではの勢いを感じた。

一方、甲府のサポーターは、小瀬の本拠地でやるゲームでも、五、〇〇〇人から六、〇〇〇人が普通である。新潟に比べたらとても及ばないが、三年前までＪ２最下位が定位置で、サポーターも一、〇〇〇人内外だった頃を思えば、飛躍的な多数となった。

女の子の前座ゲームが終わって、いよいよ本番。その前に、両軍のサポーターが、いでたちもものものしくパフォーマンスを演じる。武田菱の家紋の幟りを先頭に立てる甲州軍、毘印の幟りを先頭の越後軍。それぞれ一〇数名ずつがグランド中央で演技を展開する。敵地甲斐に塩を送る越後の肚の大きさを再現してみせる。ＶＦ甲府側の演出もなかなかのものである。

試合は甲府の迫力が首位新潟を上まわる戦況で進行した。開始早々の一分には、ＦＷ小倉のミドルシュートがバーに阻まれはしたが、強烈なミドルシュートを放って勝利を予感させた。前半四二分には小倉が先制シュート。後半一〇分には水越のシュートが決まって2点目をあげた。シュートにからんだ選手はもちろんいるのだが、素人には分かりにくい早技である。VF甲府は強くなったもの、とあらためて実感した。

私がトイレに立っている間の後半二六分に新潟に1点返されはしたものの、DF陣もふんばり、GK阿部のファインセーブもあったりして、結局2―1で勝利は武田菱の上に輝いた。

熱狂した甲府サポーターは躍り上がって喜んだ。松本の空を歓喜の声がひびきわたる。隣りの席の仲沢さんから「横山先生のあんな興奮した姿を初めて見た」と冷やかされた。小倉選手はヒーローインタビューで、サポーターへの感謝のことばに続けて「スタンドをもっと青で埋めてください」と言った。

海野一幸社長を筆頭とする事務所の企画・演出。試合を自分では観戦することもままならぬ献身的なボランティアの皆さん。そして、松永監督を始めとするコーチや選手たち。これらの方々が一体となって、甲府のサポーターを幸せ気分一色に染めてくれた努力に対して、感謝でいっぱいである。

仲田主将は「気持ちの面で負けていなかった。一つ一つのプレーに気持ちが入っていた」と満足げに振り返った。松永監督は「注目された一戦。多くのサポーターの前で勝つことができた。素直に嬉しい」と喜びを表現した。

皮肉なもので、松本はあんなに立派な競技場を持ちながら、かんじんな球団を持たない。甲府はこんなに強くなったのに、日常の練習場はジプシーさながらでまことに気の毒である。

霧雨程度で天気も大してくずれなかった。帰りのバスの中は、快感さめやらぬサポーターの満足した顔また顔であった。この日山梨からくり出したバスは三八台と聞いた。山梨県のあらゆる関係者は、文化として定着してきて、元気をくれるＶＦ甲府を、物心ともに更に力強く応援しようではないか。

他人のためではない。自分自身の幸せのために！

（二〇〇三年九月）

五〇銭銀貨

ふるさと花づくし

私のふるさと韮崎《にらさき》は、甲斐武田氏発祥の地であり、滅亡の地でもある。ゆえに、〝武田の里〟と称せられる。

ふるさと、というひいき点を割り引いても、歴史とロマンの香りがあふれている。その上風光明媚な土地柄といってよい。

四季それぞれに見どころは多い。桜と桃の花の咲き揃う四月は、武田信玄公祭りや新府城の祭りと重なり、春らんまんの絵巻が展開する。ことしの四月、私は思い切って一週間も滞在してふるさとの春を満喫した。

五〇銭銀貨

「横山先生ではありませんか」

一宮《いちのみや》町にある甲斐国分寺跡の桃祭りの会場。黒いサングラスの男性が私に近寄った。

とっさには誰か判断がつきかねたが、眼鏡を外した顔は、良質の桃を作る小宮山農園の主人であった。小宮山さんには、もう一〇数年も前から桃の出荷の最盛期にお世話になり、贈り先の友人たちから喜ばれている。

「おばあちゃんは元気ですか」

小宮山さんのご母堂は八人の子を育て上げ、これらのお子さんがみんな元気だと聞く。九二さいになるという女丈夫である。私と話すときに自らを〃おばあちゃんが〃と言われるので、こちらもつい、おばあちゃんと呼びかける。バイパス沿いの店に寄ると、いつもお茶をご馳走になる。そして帰りには自慢の甲州小梅漬けまで頂戴するといった具合で、一家こぞってよくしてくださる。おばあちゃんは頭も手先もしっかりしていて、文字も文章も堂々たる手紙をいただいたことがある。「寄っていってください」と小宮山氏。でも私はこれから韮崎に行かねばならぬ。「また次に」とご辞退した。

日本一の桃の産地と言われる一宮、御坂、春日居、このあたりは甲府盆地の東部に位置する。八〇万本とも一〇〇万本ともいう桃源郷である。花の見事さにさそわれて、私は勝沼インターで下り、甲斐国分寺跡の桃祭り会場に立ち寄ったのだ。黄色あざやかな菜の花、質感のある桃の花。淡いピンクの桜の花。この中にまじって白いすももの花が観光客の目を奪う。残雪の南アルプス連峰の遠景が、これらの花をいっそう引き立たせている。これに加えて青い空。私はしばらくの間、まるで幻想の世界にさまようことができた。

韮崎のホテルルートインの朝刊、山梨日日新聞の一面に「やまなし桜前線」と題するカラー写真を見つけた。王仁（ワニ）塚のエドヒガンである。記事によると――韮崎市神山町北宮地。田畑が広がる段丘の真ん中に王仁塚がある。塚の上に立つ一本のエドヒガンザクラが、今、ほぼ満開である。塚は日本武尊（ヤマトタケルノミコト）の王子、武田王（タケタノミコ）が葬られたとも伝えられている――。王仁塚は武田家の氏神の武田八幡宮に近く、武田の始祖信義の居城の白山城や、信義の墓のある願成寺とも目と鼻の先にある。武田の里の中核をなす場所である。

車で武田橋を渡って現地に行った。朝早いのにアマチュアと思われるカメラマンがすでに一〇数名も三脚を据えている。光線の具合や風向きの好いシャッターチャンスを狙っているのだ。

このエドザクラは樹齢三〇〇年で、市の文化財に指定されている。一本だけ孤立しているところが雰囲気をかもす。四方に枝を伸ばし人の手のとどく所まで垂れ下っている。カメラの位置によって、八ヶ岳や茅《かや》ヶ岳の借景が画面にはいる。そして、何より雲一つない真っ青な空が、満開のエドザクラの風情を一段と高めていた。

女性カメラマンの一人が「山高の実相寺《じっそうじ》の神代《じんだい》桜が満開です」と教えてくれた。とっさに私は実相寺まで車を走らせることに決めた。

途中で元清哲《せいてつ》小学校に咲き誇る桜並木を見た。戦争中私の亡き姉が師範学校新卒でこの学校に勤めた。韮崎の町なかにある家から片道一時間近く、てくてくと歩いた学校である。学校と言えば私の母校韮崎小学校の桜が満開です、と教えてくれたのは、旨い蕎麦を作る〝瓢亭〟さんである。どちらの桜も、咲き満ちて散りもせず、絶好のタイミングであった。

神代桜は樹齢約二〇〇〇年。西暦二〇〇〇年に樹齢二〇〇〇年の桜にあやかろうと、バスやマイカーが列を成していた。実相寺の周辺には、にわか駐車場が幾つも設けてある。「うちの方は一〇〇円高いけんど、雨が降っても出やすいよ」と車を呼び込む男のユーモラスな声が愛敬である。駐車代は五〇〇円だった。

天然記念物の神代桜は、言い伝えによるとヤマトタケルが東北遠征の帰路に植えたという。根周りは約一三・五メートルあり、「日本一の太さ」（山梨日日参照）を誇る。この老木は幹を手当てしたり、枝に支えをつけて保護している。老若男女の見物客が、神代桜の前から後ろからカメラの放列をなしている。甲斐駒ヶ岳鳳凰三山のふもとにある武川村である。聳える山々を見上げると、山肌に残る雪が太陽の光を浴びて光る。

寺の山門をくぐると、広い境内に一面の黄色い花が咲いている。菜の花かと思ったら、水仙である。大きい炬燵のある部屋で松永氏に逢う。彼は私と旧制韮崎中学（現韮崎高校）の同級生である。昨年ご子息に住職をゆずったという。奥さんがお茶を入れてくれた。水仙の数、一〇万本と聞いておどろき、あらためて障子を開け放った境内を見渡す。松永氏は、中学時代の思い出話をしてくれた。

遠足の目的地は実相寺であった。松永氏にしてみれば我が家である。彼は早朝に平常通学している中央線日野春駅まで約四キロの道を歩き、汽車に乗って韮崎で降りて学校まで行った。いざ出発。級友たちと歩いて約八キロの道を我が家まで遠足をして弁当を食べた。帰りも韮崎中学校まで歩いて解散。このあと朝と逆の途を家まで帰ってきた、という話である。今聞くとおかしさがこみ上げるが、戦時中の教師は「松永、学校へ戻らなくてもいい」と言わなかったし、生徒も「戻るのは当然」と心得ていた。一事が万事、このように生真面目な時代を背負った一〇代であった。境内にある大木のハクモクレンが青い空に映えていた。

「人は城、人は石垣、人は堀」で知られるように、武田信玄は甲斐の領内に城を築かなかった。現在武田神社のある〝つつじが崎〟が武田の本拠であった。

韮崎の七里岩台地にある新府城は、信玄の子勝頼によって天正九年（一五五一）築城に着手し、完成したのは同年一二月である。勝頼は甲斐を狙う周囲の情勢からから考えて、七里岩の天険を利用する以外に方策がなかったのである。しかし時すでに遅く天正一〇年三月三日、織田、徳川連合軍の侵攻を前にして自ら新府城に火をかけて、東方の郡内岩殿城（大月）を指して落ちのびようとした。新府城の寿命は三ヶ月にも満たぬ悲劇の城であった。

韮崎市長の小野修一氏が、お願いしておいた武田勝頼夫人奉納願文の写しを送ってくださった。

学の乏しい私などにはとても読解できない達筆のくずし文字でつづられている。解説によると、多くの家臣が離反し、勝頼を裏切っていく中で、この衰勢を見るにしのびず、夫勝頼の武運長久を願って、哀切きわまりない願文を氏神の武田八幡に納めたものである。相模の北条氏政の妹である夫人はわずか一四さいで武田家に輿入れした。夫勝頼のために、何とぞ何とぞ神仏の加護を垂れ給えと叫ぶ姿がいたいたしい。夫人の必死の願いもむなしく武田に滅亡の日が迫る。願文をしたためた二〇日ほど後の天正一〇年三月一一日に、天目山田野の里で、勝頼や子の信勝とともに自刃して果てた。夫人は一九さいの若さであった。世に言う甲斐源氏武田一族の終焉である。

中央自動車道の韮崎インターに近い上《うえ》の山という所に「なみだの森」があると聞いていた。近所で聞いても土地の人もあまり知らない様子で、やっと探しあてた。目立たない碑が建っていた。焼け落ちる新府城をふり返り、勝頼や夫人たちが涙を流したという場所である。

一宮に次いで新府城周辺は桃の名所である。気候の関係で一宮より一週間ほど遅れて花の見頃になる。今年は桃の花の盛りが長かったので、四月二〇日の新府城跡の祭りの日まで人々の目を楽しませたにちがいない。

韮崎市本町通りのハナミズキの並木が平らかに紅と白の花をつけている。桜や桃の他にもいたる所、ハナズオウ、菜の花、水仙、レンゲ草、レンギョウ、山吹、ユキヤナギ、芝桜などが我が世の春を謳歌していた。ツツジの走り咲きが随所に見られた。

ことしは運よく、信玄公祭り「武田二十四将」のパレードを見ることもできた。ことし信玄公に扮したのは舞の海であった。

花吹雪武田信玄馬上なり

（「麗」二〇〇〇年夏号）

開戦初日

私が旧制中学校三年A組の年の剛健強歩大会は、一二月七日に行われた。担任はスプリング（バネのように体をはずませて歩く）の愛称を持つ、英語の浅井先生である。

全校生徒が朝早く学校をスタート。釜無川沿いに甲州街道を北に進み、国界橋から小渕沢へ登る。帰路は七里岩台地のほこりっぽい道を、学校まで戻るコースであった。

お新府さん（武田勝頼の新府城跡）の高い石段の根元にへたりこんだ級友数人は青息吐息。

「あーあ、トラックでも通らんかなあ」

「あと一里（四キロ）ちょっとだ。まごまごしていたら三Aがびりっけつになるぞ」

「元気出して、行かざあ、行かざあ」

こんな会話を交わしながらも、ようやく学校へ着いた。冬の短い日はすでに暮れていた。

五〇銭銀貨

牛の歩みのような脚を引きずりながら、自宅の玄関にたどりついた私は、そのままぐったり眠りこんでしまった。

一夜明けて、昭和一六年（一九四一）一二月八日。脚や体の節々が痛く、やむなく私は学校を休むことにした。

寝床に体を横たえて、聞くともなくラジオを聞いていた。突然の臨時ニュース——。

「帝国陸海軍は、本八日未明、西太平洋において、アメリカ・イギリス軍と戦争状態に入れり」

日米会談が決裂して、風雲急を告げていた。それが、いざ現実のものとなった。ぶるぶるっと、身のひきしまる思いだった。

真珠湾攻撃をはじめ、数々の戦果がその日のうちに電波に乗って、日本国中を沸かせた。

数え年一五さいの少年は、動かぬ体のもどかしさをこらえ、大東亜戦争の第一日目を過ごした。


（「二〇〇二年韮崎高校創立八〇周年記念同窓会誌」）

一月二五日

五〇銭銀貨

　この夜、私は東京宝塚劇場の雪組公演を観ていた。トップスター轟悠の専科入りと、娘トップの月影瞳のサヨナラ公演ということで、劇場は熱気にあふれている。

　いつものように華やかなフィナーレが終わって幕がおりたが、いつもと違って客電がつかない。しばらくして再び幕が上がった。舞台上に組長の飛鳥裕と副組長の灯奈美の姿があった。二人の説明で、きょうが、阪急・東宝・宝塚歌劇団の創業者小林一三翁の命日であることを思い出した。元宝塚トップスターで現在新東京宝塚劇場支配人の甲にしきも加わり、三人の司会で小林一三を偲ぶ舞台が始まる。観客としてはトクをした気分だ。

　先ず登場したのは深緑夏代である。八〇さいを越えたという小柄な彼女だが若々しい。得意のシャンソンで客席を酔わせた。別れた人々を偲ぶという内容の歌であった。

　次に登場したのはイーちゃんこと寿ひずるであった。トップスターを目前にして突然宝塚を去った寿。前の宝塚劇場の壁に、彼女を奪い去った歌舞伎役者への憎悪が落書きされていたのを見た。やがて舞台に復帰した寿である。歌は「夜明けの序曲」であった。オッペケペ節で世を風靡した役者川上音二郎の劇化の主題歌で、かつて松あきらのサヨナラ公演、新しくは愛華みれのトップお披露目で花組が演じたものである。イーちゃんがこんなに歌が巧かったか、と再認識させる声量豊かな歌いっぷりであった。

このあとはスライドで小林一三翁の一生を駆け足で見せてくれた。明治六年（一八七三）に韮崎の豪商布屋《ぬのや》で生まれ、一六さいに慶応義塾進学のために上京するまでの幼少年期を私と同じ韮崎で育った。格子造りの布屋が映し出された時、私はなつかしい宿場町韮崎を思い出した。私の少年時代、布屋の当主小林歓寿郎さんが町長をしておられた。

永久保存のため、由緒ある布屋の家屋が阪急電鉄によって宝塚の本場にあるファミリーランドに移された。それなのに阪神大震災で後かたもなく壊滅した。移転のあと私は彼の地を訪れて韮崎の姿をたしかめた。震災のあとも又出かけて行き「滝の広場」と姿を変えた場所にたたずんだ。阪急電鉄にぜひとも布屋の再建をお願いしたい。

小林一三のエピソードを一つだけ紹介しておく。彼は他人から名詞を貰うときに、必ず例えば「横山昭作さんですね」とフルネームで声に出して言い、その後に受け取ったという。ささいなことでも、凡人とはひとあじ異なるという一例である。

偲ぶ会のフィナーレは雪組全生徒による大合唱で幕がおりた。白の正装で大階段まで用いて並ぶ圧巻であった。近い将来にトップスターと噂される朝海ひかるも前列に位置している。韮崎出身でただ一人の宝塚生徒、娘役の神麗華の姿もあった。彼女はダンスの名手である。

小林一三翁は昭和三二年（一九五七）八四さいで他界した。ちなみに一月二五日は私の七五さいの誕生日であった。

一三の生家跡は「韮崎文化村」と生まれ変わり、小さい音楽会や勉強会に用いられているという。

（「山人会報」NO．110（二〇〇二年四月））

五〇銭銀貨

私が子どもだった頃、五〇銭銀貨が使われていた。現在の一〇〇円玉より一周り大きく、五〇〇円玉より少し小型というのが、私の感触である。銀貨の周りには、今の一〇〇円玉のようにギザギザがついていた。ゆえに人びとは「ギザ」とも呼び、なかなか値打ちのある通貨であった。

私が小学校に入学したのは昭和八年（一九三三）の四月である。学校の所在地は、山梨県北巨摩《こま》郡韮崎《にらさき》町（現在は韮崎市）である。祖母石《うばいし》村と更科《さらしな》村と一町二村の組合立小学校。当時は義務教育が尋常《じんじょう》科六年までだった。義務教育を終えた子どもの一部（あえて一部という少人数）は、旧制中学校か女子は旧制高等女学校を受験した。尋常小学校の上に高等科が二年あった。六年卒業で社会に出て働く人もあり、高等科へ進む者もいた。

中学校や女学校の受験に失敗した人は、小学校の高等科へもどった。一年間勉強をしてふたたび翌年試験を受け直す。

私の中学校時代の同級生には、高等科二年を卒業してはいった生徒もいた。現在の新制中学校と異なり、どこの旧制中学校も年齢差があるのは珍しいことではなかった。


峡北地方の春は、窟《あな》観音の祭りと共にやってくる。

甲州名物からっ風で知られる八ヶ岳おろしが、冬の間中吹きまくる。そして、三月を迎える頃、ようやく塩川の土手にネコヤナギが芽をふく。寒さの和らぐ或る宵、垣根越しに梅の白さが突然目の前に迫り、思わず歩を止めることがあるのもこの頃である。

八ヶ岳の溶岩でできたという七里岩台地の南端の両側にひらけたのが韮崎の宿場町である。東を塩川、西を釜無《かまなし》川に挟まれていて、ニラの葉に似ている細長い町である。

突っ込み線（スイッチバック）がなくなった現在の中央線韮崎駅は、線路もプラットホームも南下がりに傾斜している。新宿・甲府方面から着く列車の左側、目の前が七里岩の南端で、そこに高さ二八メートルの白い平和観音像が眺められる。「武田の里」韮崎の、シンボルともなった観音像である。これは昭和三〇年代に建立されたもので、私どもの子ども時代にはなかった。

五〇銭銀貨

昔ながらの観音は、七里岩台地の先端近くを東西に貫く洞窟の中にある。弘法大師が祀られていて、祭りは三月二〇日が宵祭りで、翌二一日が本祭りと決まっている。雲岸寺の境内には、サーカス小屋が張られた。客寄せの楽隊が町内をねり歩く。オートバイサーカスや、ろくろっ首の姉さんや、ガラスや釘を食べる怪人？の見せ物がかかった。田舎まわりのレビューの踊り子の嬌声が、子どもたちの胸を妖しくかき立てた。

母からもらった祭りの小遣いは宵に五銭、本祭りに一〇銭であった。一五銭あれば楽しめた。サーカスは子ども料金が二銭か三銭。綿菓子やほおずきやおでんやだるまなどは一銭。杉鉄砲やひよこも二銭か三銭で買えた。あまりの可愛さにつられて、ついついひよこを買ってしまう。だが手を尽くしても、一度も育ったためしはない。

私の祖母は、今は韮崎市になったが、隣村の竜岡《たつおか》村の生まれだ。旧姓を五味《ごみ》といった。祖母の兄、私から言えば大伯父が竜岡村の御勅使《みだい》川を見下ろす高台の家に住んでいた。クラブという名の白い乗合自動車が走っていた。大伯父の家に行くには「手引《てひき》」というバス停が近く、料金は一五銭。一つ手前の「坂の上」で降りれば一〇銭である。五銭を節約するためにこの区間を歩く人も多かった。

私は祖母や父に連れられて、竜岡の家によくでかけた。お正月やお祭りの時などに。大伯父夫婦には子どもがなく、広い家で裕福に暮らしていたようだ。ある時、祖母の使いで行った。帰りに駄賃として五〇銭もらったことがある。ギザである。失くさないようにポケットの中でしっかり握りしめて、韮崎の自宅にもどった。てのひらに汗をかいていた。

その頃、尋常科を卒業した住み込みのねえやさんが月に三円。当時盛んだった町の糸とり工場の女工さんの給料が一ヶ月で一〇円から一〇数円であった。私の家の畑の仕事にくる日雇いの人の日当は七〇銭という時代である。五〇銭は大金であった。

韮崎小学校では、毎月貯金の日を設けてあった。郵便局から係りの人が出向いて、子どもたちの貯金を受け付けた。

通帳はたて長で、拾銭とか拾五銭とか、預けた金を記入してくれる。額の増えるのが楽しみで「弐円たまった」「参円五拾銭になった」と、子どもたちは通帳を覗きみて心楽しさを覚えた。大伯父からもらった金を、私は郵便貯金に加えた。

修学旅行は六年生の二月に行なわれた。どうして卒業間近の、あわただしい寒い季節に実施したのか今もって不可解である。北巨摩郡の周辺の小学校が、七校か八校乗り合って、一列車借り切った。主目的は伊勢神宮と名古屋の熱田神宮の参拝で、夜遅い汽車で韮崎駅を発つ計画である。夜行を使ったのは、おそらく宿賃の節約だったと思う。昭和一二年に勃発した日支事変の三年目の早春であった。

この修学旅行で私は心に深い傷を負った。県立韮崎中学校の受験料を母からもらって学校へ行き、自分の机の中に入れておいた。二円だったか三円だったかよく覚えていないが、そのうちの五〇銭銀貨が一個なくなってしまったのだ。

とっさに私は「盗られた」と思った。ふだんから素行の悪い男子生徒の顔が浮かんだ。脳天を槌で打たれた衝撃だった。「あいつだ」と思っても証拠があるわけでなし、今と異なり気弱な私は誰にも訴えることすらできない。

家は金持ちではないにしても、大事な受験料なので、五〇銭ぐらいは出して貰えただろう。だが両親に打ち明けることもしなかった。穴埋めに私は、修学旅行の小遣いの中から、五〇銭銀貨一個を回し、何事もなかったふりをして急場を凌いだ。身を切られる思いだったが、背に腹は代えられなかった。

楽しかるべき修学旅行が、いかにみじめなものであったか。山国育ちの私が初めて見た「海」も味気ない。名所の「二見ケ浦」の日の出さえ、涙でかすむ思いだった。

「さざえの壺焼きを食べておいで」

と姉たちに言われたが、ふところ寒くてそれどころでない。匂いを吸いこんだだけで、さざえ売りの屋台を横目で見ながら足速に通りすぎた。

お土産のようかんは一本五銭。五〇銭で一〇本も買える計算だ。五〇銭を浮かせ、辻褄を合わせるのに必死だった。

私が疑いをかけた男子生徒は、旅行に参加しなかった。私たちが帰郷した日、他の子と二人で甲府へ行って豪遊したことを自慢げに吹聴していた。「おれの金で遊んだくせに」、悔しかったが泣き寝入りだ。

韮崎中学校の合格発表は窟観音の祭りの前日だった。「八九番、横山昭作」の発表をたしかめて、喜び勇んで我が家にかけもどった。当時一つ屋根の下で暮らしていた家族——祖母・両親・姉と妹たち・叔母。合格を喜んでくれた家族は一人残らず今はこの世にいなくなった。

窟観音の境内は、中央に雲岸寺の本堂が建った。サーカス小屋を張るスペースはない。私は物好きだから、今でも三月の祭日には、毎年のように訪れる。多くの露店にまじって、ひよこ売りの店も出ている。

だが本来は黄色いふくよかなはずのひよこが、どぎつい青や赤に着色されて売られている。むごく、哀れな光景である。

（「青淵《せいえん》」一九九九年四月）

塩崎にて

野分過ぎ燃ゆるがごとき甲斐の空

台風一過の大夕焼けが、秀麗の富士山を染めあげた。南アルプスの甲斐駒ヶ岳もしかり、地蔵ヶ岳など鳳凰三山も燃えている。ふるさとの空と山々の美しさを、あらためて感じとったひとときであった。

生まれ育った韮崎の隣りの町（山梨県北巨摩郡双葉町）に小さなマンションを借りたのが五月半ばである。世田谷の自宅と双葉を往ったり来たりの一人暮らしが軌道に乗ったというのもおかしいが、ほぼ定着してきた。

今年は記録的な猛暑であった。外出には日除けのつもりの雨傘を用いたりした。それでも季節はめぐり、乗降客はわれ一人という塩崎駅の夜のプラットホームで電車を待っていると、我が世は王国とばかり虫の大合唱が耳をつんざくことで秋を知った。

あずさ号過ぎ去りにけり虫の闇

甲府駅からJRのローカルで、西へ二つ目の駅が塩崎である。私などが通学通勤した若い頃には無かった駅である。特急あずさは轟々と通過する。

「危ないですから白線の後ろへお下りください」と場内アナウンスが鳴るが、見回しても白線はなく、イボのついた黄色い帯が見えるだけだ。ラッシュ時には、細いホームはあふれるばかりの学生たちでごった返す。雨の日は傘をよけ合い、体をくねらし、上体を線路側に乗り出して歩いている。よく事故が起きない。通勤通学者は熟練者のようだ。

塩崎に借りた家は、駅から歩いて一分少々の近さである。三分前に家を出ると電車に間に合う。乗り遅れることなど無いはずなのに近すぎて遅れることもある。駅からこんなに近くにありながら、建物がしっかりしているせいか、あずさ号が通り過ぎる時も、音響はほとんど気にならない。

家の周りには駐車場がたくさんある。夜になると空っぽになるのに気づいた。通勤者はマイカーで来て電車に乗り、夕刻にはふたたびマイカーで我が家に帰って行く。

私の〝小さな城〟は、三階建ての二階にある。南の窓から、晴れた日には富士が見える。玄関と言えるかどうか、早朝北側のドアを出ると、北西に聳える甲斐駒や鳳凰三山のてっぺんだけ朝日に映えている。低い山はまだ黒々と寝そべっているのに——。

時が経つにつれて、徐々に低い山にも朝がくる。この光景が私は好きである。以前ルートイン韮崎に宿を取っていた時も、朝早く目の覚める私は、刻々に変化する甲斐の山々の夜明けに感動していた。

コスモスの波打つ風となりにけり

コスモスの花の寿命の長いのに驚いたのもここに住んでからである。八月の終わり頃から色とりどりの花が目を楽しませ、今、一一月の声を聞いてもなお、残りの花がけなげに風にゆれている。盛りを過ぎた花もまた風情がある。ひょろっと伸びたコスモスが、思いの外強靱なことを知らされた。

前後するが、甲子園高校野球の県予選を六〇年ぶりに観戦した。七月の太陽がじりじりと灼きつける午前中だ。私の母校韮崎高校対甲府一高の試合だった。両校とも旧制中学以来の伝統ある学校で、私の学んだ昭和一〇年代は、どちらも県立の、韮崎中学と甲府中学である。試合は韮高が三点のリードを守れずに逆転負けした。懐かしかったのは応援合戦であった。昔は相手の学校の応援席へ「このどん百姓め！」などと口ぎたなくののしり合ったりしたが、今の高校生は楽隊まじりでエールを送ったり紳士然としていた。この試合が行われた緑が丘球場は、東部第六三部隊の練兵場の跡地である。私たちは中学五年生の時、ここの射撃場で三八式の銃を使って実弾射撃の訓練をしたことがある。三〇〇メートル先の標的を狙って撃つのだが、私のタマは中心に当らなかったようだ。肩にずしりと反動が来た瞬間を思い出す。

結局今年の山梨県代表は日本航空高校であった。私の住む双葉町にあるこの高校は、ユニークな教育内容のせいで、全国各地から生徒が集ってくる。駅や町の通りで、パイロットを思わせるカッコいい生徒たちをよく見かける。毎日グライダーやヘリコプターが離着陸している。

甲子園出場の航空高校は三回戦まで進んだ。同じ町に住むよしみでテレビで応援してあげた。

九月の声を聞くと、郵便受けに双葉西小学校の運動会の案内状が、二度三度とはいるようになった。児童会の子供たちが配っているらしい。九月二三日の秋晴れに、歩いて見物に出かけた。

菊やサルビアの花壇がよく手入れされている。金木犀は根元から人の背丈ほどの高さまでは葉が落とされて幹だけが残る面白いスタイルだ。後で聞いたら、職員室から子どもの校庭の様子を見易くするためと教えてくれた。会場をぐるりと巻いてビニール製のござが敷かれ、家庭毎に領地が作られているのは昔の風景のままである。父親たちがビデオカメラを回して我が子の姿を追っているのは現代風といえる。えてして、父親たちが我が者顔に、演技する生徒の近くまでカメラを持って出しゃばるのをしばしば見かけるが、この学校は父母も節度をわきまえていて好感が持てた。

一五、六さいを過ぎた少年少女たちの、街々で見かけるだらしない行状と、この日の子供たちのピチピチした躍動を結びつけるのはむずかしい。

双葉西小学校は、私の父が四〇年に及ぶ教員生活の中で、最後に校長を勤めた学校である。韮高サッカー部の大野祐一くんは双葉西小学校の卒業生で、電車で会ったりしてよく話をする。「代々の校長先生の写真が飾ってある部屋があります」と教えてくれた。川口校長先生から電話をいただいて、一〇月上旬、やはりよく晴れた日に学校を訪れることができた。

快く迎え入れてくださった川口校長の案内で、私は歴代校長写真を飾る部屋に立った。父横山彦作は第一〇代の校長で、昭和二三年から昭和三〇年まで校長として在任したことがわかった。チョビひげを生やした五〇代半ばと思われる写真は、真面目一方だった父の特徴をよく現していた。

川口先生は「双葉西小百年の歩み」という冊子を見せてくださった。昭和四八年（一九七三）が創立一〇〇年とは古い学校である。沿革史によると明治六年に志田村興禅寺を仮校舎とし、志田学校と名付けて発足。翌明治七年に塩崎小学校と改称する（戦後登美村と合併して双葉西小）。

一〇〇年史の或るページに退職後に父の寄稿した文章が載っていた。一部を引用する。

「その頃（※訓導時代）の国策であった満蒙開拓義勇軍に、受け持ちの清水昭司君を、ご両親の了解と本人の決心によって送り出しました。昭和一九年の秋、私は山梨県から教学奉仕隊の一行九名のうち一人に選ばれ、約一ヶ月の渡満。彼の地で清水君と会いました。その後彼からの音信は絶え、そして終戦。無事の帰還は絶望といわれていた或る日、清水君は元気な姿で私宅の玄関に立ちました。夢ではないかと手を握り合って喜んだものでした」清水さんは小学校高等科二年生を終え、一四さいの少年の身ではるか満州の地へ向ったわけである。今、お元気でいらっしゃるだろうか。

廊下で合う子供たちは一様に「こんにちは」と元気よく声をかけてくれた。

パソコンの並ぶ教室菊日和

宮沢賢治ブームである。例えば九〇さいを越えた演出家の長岡輝子さんが、円熟の声の演技で賢治の童話を語っている。

実はふるさと韮崎にも「銀河鉄道展望公園」というスポットがあるのだ。中央道を韮崎インターで降りて、少し登ると茅ヶ岳広域農道の入口がある。左折して車で二分位走ると公園がある。

八月七日の夜、韮崎市の主催で、銀河鉄道ライトダウンの催しがあった。八時から九時まで街の灯りを落として効果を上げた。あいにくの悪天候で伊藤寛先生の星座の説明は気の毒であった。紙面の都合で詳しく書けないが、旧制森岡高等農林学校の寄宿舎で、宮沢賢治と同室で親友だった韮崎出身の保坂嘉内氏が「銀河鉄道の夜」に強い影響を与えたという。この作品の初期のものには「八ヶ岳」も登場すると言うことだ。

午後八時三九分が見せどきである。韮崎駅を通過した特急あずさが、細い帯状に輝きながら、七里岩台地の東側の中腹を登っていく。一方、八時三八分に新府駅を出た列車が下ってきて、樹々にさえぎられない見晴しのよい地点ですれ違い、やがて離れて遠ざかっていく。あたかも賢治の作品に登場するジョバンニとカンパネラを乗せた銀河鉄道の世界である。このような幻想的な場面には人一倍感動する私である。秋から冬にかけて空気の澄む季節は更によい。私は用心棒に韮高サッカー部の清水利生くんと川村恒平くんを連れて再度出かけた。

この夜は公園に電燈がともっていて用心棒は大げさだった。三人で八時三九分を待つ。早過ぎもせず、遅れもせず、樹々にかくれない地点に、左と右から光の細い帯が近づいた。初めて見たという地元の少年二人は「わあー、きれい！」とおどろきの声をあげた。

銀河鉄道さながらあずさ号涼し

（「麗」二〇〇一年冬号）

くだもの随想

郷愁のぶどう

私は小学生時代の夏休みを、ほとんど穴山村伊藤窪で過ごした。昭和一〇年前後である。藁ぶき屋根の大きい家に、母方の祖母が一人で住んでいた。祖母は六〇さいを少し過ぎただけなのに、腰が六〇度以上も曲がっていた。

今この村は韮崎市穴山町という。だが私の郷愁の中では「穴山村伊藤窪」がぴったりである。伊藤窪には店屋がなく、買い物は部落の東端の坂頭《さかあたま》から、二重三重に曲がった坂を下りて藤井田んぼに出る。田んぼ道を一五分くらい小田川《こたがわ》まで歩いた。

駄菓子を買ってもらうのが楽しみで、腰の曲がった祖母と歩いた。さわさわと稲田を鳴

五〇銭銀貨

らす風が心地よく、赤とんぼがまつわりついて舞った。

伊藤窪の東端の家をお東《ひがし》と呼んだ。祖母はお東の伊藤家の娘として、明治の一けた代に生まれた。一軒おいて西の家の伊藤祐保に嫁ぐ。母の長兄の伯父は千葉に出ていた。伯父が呼んでも、祖母は伊藤窪が恋しくてすぐに戻ってきた。いきおい韮崎町に住む私の母が何かと面倒をみたり村との交渉に当たっていた。私が産ぶ湯を使ったのは、この母の実家である。祖母は終戦後二年ほどして亡くなるまで、伊藤窪を離れることはなかった。

女子教育の重要性をかざし、甲府に湯田女学校（伊藤学園）を創設した伊藤うた女史は、祖母の実家のお東の兄嫁である。早逝した夫のあと、残された四人の子供を私の祖父などに預けて、東京で勉学を積んだ。

うた女史が甲府に裁縫学校を開設したのは明治三三年である。以後女史は昭和九年に亡くなるまで、女子の教育に心血を注いだ。現在ならともかく、女子に教育は要らないという明治の時代である。うた女史の卓越した識見と情熱に頭が下がる。

私の子供時代のお東は、湯田女学校の分校として、近村の娘さんたちが裁縫を習いにきていた。

お東の広い土地は、デラウエアのぶどう園が開けていた。夏休みのころは、紅い見事な房がたくさん垂れ下がっていた。坂頭に行く途中の道からちょっと手を伸ばすと、ぶどうの房に手がとどくのである。

ツユちゃん、カシちゃん他、村の子供たちと仲良しになった。当時の農家は稲作に加え、年に数回も蚕を飼っていた。お蚕さんの桑摘みは、子供にも課せられた大仕事である。

私は篭を背負った村の子や、東京から来ていたいとこたちと、ぶどう園の中に手を伸ばし、一度ならず二度三度と、デラぶどうを失敬したことがある（ゴメンナサイ）。洗いもせず鷲づかみにしたぶどうに、房ごとかぶりついた。その甘さが今でもなつかしく想い出される。

学校を卒業した昭和二〇年代に、私は山梨児童文化連盟所属「童連《どうれん》」の指導者となっていた。空襲で焼かれ、戦争の痛みにあえぐ子供たちの心に夢を与えようというのが、童連の理念であった。

童連には劇部・音楽部・舞踊部とあり、希望してきた小中学生の中から、今流に言うと、オーディションを通った手持ちの子供を百人近くもかかえていた。富士の姿と青空でデザインされたバッジは、羨望の的であった。

春秋の二回、甲府市内の映画館を借り切って発表会を持った。入場前の子供や大人が長蛇の列を成した。

ＮＨＫのＪＯＫＧ（当時はラジオのみ）から、童連は放送劇や音楽番組を発信していた。飯田町の放送局は、田園風景の中にあった。

社会科番組で「甲太郎と斐子《あや》の旅」シリーズを童連が担当した。文字通り「甲斐」の小さな旅である。

あるとき、関東甲信越番組で、勝沼のぶどうを紹介することになり、私が脚本と演出を手がけることになった。大事に保管しておいたはずの脚本が、引っ越しか何かで見当らなくなって残念だ。自筆をプリントしたわらばん紙の脚本であった。

甲太郎と斐子が勝沼を訪ねて、ぶどうの勉強をするという内容である。松尾芭蕉が勝沼で詠んだという句「勝沼や馬子も葡萄を食いながら」を脚本の中で使った。しゃらりしゃらりと効果音を入れたりして。放送を聞いたという埼玉の友人から「面白かったよ」と手紙をもらった。

今年の春、県立文学館で「松尾芭蕉展」が開かれた。

甲太郎と斐子の旅を放送して以来五〇年もの間、脚本で使った芭蕉の句は本物かどうか気になっていた。学芸員の女性に問いかけたところ、「さあ、調べてみましょう」とメモをしておられたがまだ返事はない。

加藤三七子先生を主宰と仰ぐ「黄鐘《おおじき》」で、私は一向に上達しない不肖の弟子である。巧くはないが、自分としては好きな句でしめくくる。

少年の涙光りぬ青葡萄

(「山梨の園芸」二〇〇二年九月号)

ふるさと桃源郷

車で東京へ戻る時、偶然立ち寄ったのが、バイパスに沿った一宮町の小宮山農園である。一五年ほど前のことだ。それ以来、桃の出荷の頃には毎年世話になってきた。

小宮山農園には恰幅《かっぷく》のいい老婦人が店番をしておられた。この家のご隠居である。いや隠居などと呼ぶのは失礼で、頭はしっかりしているし、声には艶があり、話題は豊富で、客の応対をなさる。名前をつねよさんという。ご当主のご子息夫妻が桃畑にでかけている間も、つねよさんに任せておけば大丈夫という印象を受けた。

つねよさんは私より二〇さい近く年上である。何度か寄っているうちに親しくなった。

彼女は自らを「おばあちゃん」と称し、おばあちゃんが、おばあちゃんが、と四方山話に花を咲かせる。ご子息夫妻をはじめ家中こぞってよくしてくださる。友人や知人に贈る桃は、小宮山農園に任せて安心であった。送り先の誰からも「甘いおいしい桃」とお礼状が届いた。

桃の出荷の時期でない時でも、ふらっと寄り込んでお茶などをいただく。朝早く世田谷の自宅を出て寄った時など「ごいっしょにどうぞ」と朝食までご馳走になった。

おばあちゃんは、八人の子を産み育てた女丈夫である。晩酌を欠かさないと聞いた。脚の関節が多少難儀している他は健康そうであった。

私は甲州小梅のコリコリした漬物が大好きだ。そんな話をすると、「おばあちゃんが漬けたのがあるから、お土産に持って行きなさい」と、二度も三度も頂戴したものだ。

四月の上旬。桃の花の見頃を確かめて甲斐路入りする。河口湖を渡り御坂の山をくぐって行く。甲府盆地が一望できる時、峡東地区のピンクのじゅうたんを見下せる。八〇万本とも一〇〇万本とも言われる桃畑に「あっ、きれい!」と友人たちは一様に声を発する。こんなに美しい風景を持つ山梨に生まれた喜びを全身に感じる瞬間である。

私は峡北地方の韮崎に生まれ育ったから、武田勝頼の新府城周辺の桃源郷も大好きである。峡東地区より一週間ほど遅れて満開となるのも都合がいい。二度楽しめるわけだから。地面に近く、真っ黄色の菜の花が咲く。その上に満開の桃畑。さらに背景には雪残る甲斐駒や鳳凰三山がそびえている。素人カメラマンの私なんぞには、逆立ちしても、こんな絶景の何分の一も写しとることはできない。

昨年だったか、韮崎市の新府城桃祭りの日が満開と重なった。天気も快晴である。新府城の長い石段を登り、北側から桃源郷を見下した。その先に全身を見せた八ヶ岳を望んだ時、感動で胸が震えた。「ここが俺のふるさとなんだぞ!」と大声で叫びたい衝動にかられた。

桜はもちろん素敵だ。でも、しっとりと質感のある桃の花はさらに好きである。年によっては、桜と桃がいっしょに咲き誇ることがある。身も心もとろけそうになる。

昨年から双葉町に小さな家を借りた。私の城である。世田谷の自宅との往復は、車なら甲府昭和インターを利用する。特急あずさだと、甲府新宿間は一時間半の近さなので、一眠りすると着いてしまう。いきおい一宮のバイパスをあまり通らなくなった。

今年の六月上旬に、久しぶりに小宮山農園に寄ってみた。まだ店を開いていなかったので、自宅の方へ回った。この家の二匹の犬は、尻尾をふりながらけたたましく吠えまくる。歓迎しているのか、警戒しているのかわからない。犬好きの私であるが、うっかり手を出せない。

母屋に入ってみた。このところ二年ばかりは、炬燵に入って電話番をしておられたおばあちゃんに逢いたかった。姿が見えない。現れた小宮山夫妻におたずねした。

「おばあちゃんは？」

「亡くなりました。今年四月です」

「え！」

思わず私は声を失った。ゆったりした体格で、ニコニコと私を迎えてくれたおばあちゃんが瞼に浮かんだ。いつか頂いた手紙のことを思い出した。文章もしっかりしていて、私などにはまねのできない達筆で書かれていた。

享年九四さいと言うことだった。天寿を全うした、と言えるかも知れない。ご子息の小宮山さんは「ここに座っていてくれただけでも頼りにしていたので、日がたつにつれて淋しさが増します」

と言われた。奥さんは、

「百さいまで生きていてくれると思っていたんですが…」

と声を落とした。

私は上げてもらって仏前に座った。

「大変お世話になりました」と線香を立てた時、おばあちゃんの写真が笑ってくれたように思えた。

甲斐駒を近々と見て桃摘花

（「山梨の園芸」二〇〇二年一〇月号）

柿のある風景

当時は人口約五〇〇〇人ほどの韮崎町で育った。我が家は農家ではないが、庭に四本の百匁柿と一本の富有柿の木があった。百匁柿は渋柿で、富有は甘柿である。

春には白い花が咲いて庭に落ちる。掃いても掃いても落ちてきた。それぞれの木が、ここは自分の領地と言いたげに花を散らす。

百匁柿は、ころ柿を作るためにある。中で気の早い実は、木になっているうちに熟柿となる。朝起きて庭に出ると、やわらかに熟した柿が地面にたたきつけられて、ペシャっと無残な姿をさらしている。

こうなってからでは遅い。それで木になっているうちに、先を割った竹を使って熟柿の柄をはさんで折り、そろそろと引き寄せる。首尾よく手もとに届けば喝采。もともと専門家ではないから、途中で柿が離れて落下することもある。これが顔面を直撃したらきょうだいで大笑い。くやしいので舌を出して口のまわりを舐めまわすと、これが結構甘いのだ。

服装や持ち物に私はあまり空色を用いない。好みに合わないからだ。だが空の青さはちがう。空は自然界のすべての色に調和するから不思議である。

秋の深まる峡北地方で、空の青さに映える風景として、まず浮かぶのは柿の赤さである。八ヶ岳を背景にしたり、なまこ壁を添景にしたりすると、なお風情が湧く。鈴なりの柿もいいし、二つ三つ残された木守り柿が、吹き始めた木枯らしにさらされる姿もけなげである。

百匁柿は一一月に取り入れて、家中そろって夜なべ仕事に皮をむく。そのあと、二階の窓の外に渡した竿に、ふり分け荷物のようにしてぶら下げた。朝日に当てて、北風に当てると良質のころ柿が仕上がると聞いたことがあるが、ほんとのところはどうか。専門家に聞いてみたい。

約一か月間、冬の陽と八ヶ岳おろしに当てたあと、家の中にしまいこむ。私の家では麺箱に並べた柿の両面にワラを敷いて粉《こ》をふかせた。でき上がったころ柿は親戚に配ったりする。正月用の菓子としても欠かせない。

第二次大戦中、干し柿は貴重な甘味料であった。干してしばらくたった頃、やわらかくなり始めた柿の表面から、ひそかに麦ワラを差しこんで吸った汁の甘さは格別だった。痕跡を残さないように皮を伸ばすのに苦労した。思えばいけない子どもだった。

戦争末期になると、柿の本体はもちろん、干した皮までを砂糖代わりにして、うずら豆などを煮たものだ。

北巨摩には〝甲州丸〟という名の柿があった。百匁柿よりずっと小ぶりだが丸くふくよかである。こちらは一連の縄に一〇個ぐらいずつ繋げて軒場に干した。どの農家でも、何百いや何千というおびただしい数である。

私が旧制中学校の生徒だった頃に、釜無川沿いで強歩大会が行われた。韮崎中学を出発して、祖母石、円野、武川、さらに今の白州町を通過して長野県境まで進んだ。これでやっと半道中ある。どこの家々にも柿が吊るされていて見事だった。まさに初冬の風物詩にふさわしい景観を呈していた。

戦争が終わって何年ぐらい経った頃からであろうか。ころ柿を作る農家がめっきり減った。北巨摩の人に聞くと、今では柿は朽ちるまで木になりっぱなしで、北風にさらされているという。

村に若者が居なくなって、柿を取り入れることができない。皮をむく人手がない。それに何より、チョコレートやケーキに馴れた現代っ子は干し柿なんぞに目を向けない。

そのかわり、デパートの果物売場をのぞくと、松里など山梨の名産地のころ柿が箱に入ってきれいに並べてある。高価なのにビックリする。素人がころ柿作りから手を引いて、専門家の独壇場になった感がある。高級品として出荷されるから、なかなか庶民の口に入りにくい。

私が育ち盛りの頃は、ころ柿なんてタダのおやつと思っていたのに——。柿に限らない。郷土料理を代表するほうとうは、夜毎一家の主婦の手造りで夕餉の食卓を温めた。今では有名なほうとうレストランがある。カボチャや野菜のみならず、豚肉やすっぽん入りの高級メニューまで揃えてある。時代と言ってしまえばそれまでだ。でも素朴な味を失ったことは否めまい。

昭和二一年に私は、NHKから「秋まつりの頃」という放送劇を出した。筋は覚えていないが、八ヶ岳南麓がドラマの舞台で、深秋の澄みわたった空に、たわわに実をつけた柿の情景をだしたかったのを、強烈に覚えている。

柿を干す縁に夕闇迫りたる

（「山梨の園芸」二〇〇二年一一月号）

後を継ぐ人

九月一五日。第七回「太陽の里・穂坂名産まつり」に行ってみた。会場は韮崎市穂坂町の〝峡北勤労青年センター〟である。

地元の人たちには申し訳ないが、私が育った昭和初期から二〇年代にかけて、穂坂村は北巨摩の僻地といった感があり、例えば教員異動で穂坂小学校へ転勤などしようものなら、町のご婦人方の話題に上ったものだ。

それがどうだろう。中央道が開通して穂坂に韮崎インターができた。僻地どころか、韮崎市の表玄関の役を担うことになる。

東京方面から中央道を走って、韮崎インター間近になる。晴れていれば、フロントガラスいっぱいに八ヶ岳の雄姿が見える。同時にバックミラーには麗峰富士が映っている。

雪をいただく富士はさらに良い。韮崎インターから東京に向う時は、当然前後の風景が逆になる。甲斐の空が茜《あかね》色に染まる時間帯は、この世のものとは思えぬ崇高な景観を我が物にすることができる。

穂坂に限らず、養蚕のための桑畑がなくなり、代わりに果樹園に生まれ変わった。韮崎の友人から世田谷の自宅へ「穂坂で穫れた巨峰です」と見事なブドウが贈られてきたとき「韮崎でこんなうまいブドウが！」とふるさとの味覚に感動した。

「穂坂名産まつり」の広場は、今にも降り出しそうな雨雲を追い払うほどの人出となった。韮崎市観光協会主催によるさまざまな催しが展開される。津軽三味線演奏や、ワインの早飲み競争など…。あんなにあわててワインを飲み干して、心臓は大丈夫かと気になるほどだ。

つきたての餅もうまい。ジャガイモやトウモロコシの試し食いもあって、私は郷土の素朴な味に舌つづみを打って時間を過ごした。

茅ヶ岳広域農道に、韮崎市が力を入れている「銀河鉄道展望公園」というスポットがある。その近くの宮川農園に寄ってみた。主人は還暦を迎えたばかりのふくよかな方であった。農地委員もしておられる。

巨峰にまじって並べてある緑色をしたブドウの香りが鼻をつく。主人の言を借りれば、高価なブドウではないらしい。でも私は前からこの香りのブドウをとても好きだった。ブドウの名を「ナイアガラ」という。

自分の好むものは友人たちにも味わってもらいたい、と子供じみた強引さが私にはある。相手は迷惑かも知れないのに、その場で注文して、幾つか東京へ送ることにした。

となりの明野村と並んで、この辺一帯は日照時間日本一を誇る。正面に甲斐駒と鳳凰三山。左に富士、右に八ヶ岳。そして背後に茅ヶ岳を背負うゆったりと落ちついた台地。

私が「武田の里にらさきの大使」と知った宮川さんは「それでは、自分が世話をするから穂坂に家を建てて永住したらいかが」とまで言ってくださったが、これは夢物語としてしまっておこう。宮川さんは「色紙を書いてください」と言いだした。有名人でもない私に、こんなリクエストが来ることはめったにない。たっての願いについその気にさせられた。

次にこの店に伺った日、この葡萄園にふさわしいかも知れぬ、と拙ない一句をしたためた色紙をプレゼントしてしまった。

甲斐駒を見て育ちたる葡萄かな

ご子息の孔明さんは二三歳。県立農業大学校を卒業し、県の果樹試験場で研修を続ける夢多き青年である。たとえば、サクランボの〝Y字仕立て〟や〝垣根仕立て〟について熱を込めて語ってくれた。宮川さんは良き後継者に恵まれて幸せだろう。

若い人たちが郷里にもどって、農業にたずさわる人が増えていると聞く。好ましい傾向である。日本列島全体に、重く覆いかぶさっている沈滞ムードを、農村の青年たちの力でふっとばしてもらいたい。

勝沼の奥屋敷葡萄園の武藤さんご一家とは、かれこれ一〇年ほどつき合いをさせてもらっている。若奥さんが客に、茗荷入りのみそ汁をご馳走してくれる店である。

若主人夫婦には三人の女の子がいる。小学校四年生になる三女のこずえちゃんが「私が家の葡萄園をやりたい」と申し出たそうだ。この話を祖父母の武藤さん夫婦が相好をくずして話してくれた。姉のみどりさん、かおりさんたちも、この話をニコニコして聞いている。

こずえちゃんの書いたブドウの宣伝が壁に貼ってある。ブドウの効能のなんと豊かなことか。今は愛犬とたわむれるこずえちゃんのえくぼがかわいい。大きな葡萄園を継いで、切り回してゆこうとする彼女の心意気がけなげである。
このほど私は、父の一七回忌の法事を韮崎で済ませた。何かほっと責任を果した感慨に浸っている。

葡萄棚黄落父の忌を修す

（「山梨の園芸」二〇〇二年一二月号）

なつかしさの風景

先ずは橋本さよ夫人から頂いた、達筆で長い手紙の一部から紹介する。

――（前略）私の内で一番思い出深くなつかしい韮崎《にらさき》。三さいから一一さいまで、釜無《かまなし》川のほとりの中学校官舎で育ちました。春は七里岩《しちりいわ》に登る「あを坂」でお花見、夏は釜無川で泳いだり、魚とりに夢中になりました。秋は武田橋を渡って、甘利山に行く途中の山できのこ取り、時に松茸など見つけて大喜びしました。

冬は釜無川の河原で枯草の立ち木を折って束ね（中でも月見草の立枯れは貴重）背負って帰り燃《も》し木として使いました。又岸辺にできた氷を取ってきて、小さく砕いた塩を入れ、アイスクリームを作りました。これを炬燵で家族みんなで食べました。七里岩の上の桑畠で、桑の実をお腹いっぱい食べたことなど、野性味あふれる楽しい思い出は尽きません。

お新府《しんぷ》さん（筆者註・武田勝頼が築くも二カ月足らずで落城した城址）のお祭には十銭

もらって仙兄や姉たち二人と私、トコトコ歩いて行きました（後略）――。

私と橋本夫妻との出会いは全くの偶然である。甲府盆地の東端にある一宮町。良質の桃を出荷する小宮山桃園であった。私も橋本さんも小宮山さんの常連客で、七月中旬の最盛期に、おたがい東京方面へ車で帰る途中に立ち寄ったのである。

「旧制韮崎中学の校長先生の娘さんです」

と小宮山さんに紹介された。私より少し年若で、現役の仕事を退いて悠々の旅を楽しんでおられるご夫婦であった。

「校長先生のお名前は？」

「内田と申します」

「えっ、内田与八《よはち》先生ですか。私が入学した時の校長先生です」

夫人の顔が明るくなった。次なるドラマを予感した瞬間である。

私が山梨県立韮崎中学校へ入学したのは、一九三九年（昭和一四年）の春である。

南に富士、北に八ヶ岳を望み、甲斐駒や鳳凰三山などの南アルプス連峰や茅《かや》ヶ岳に囲まれている。町を二分するように南北に走る七里岩台地の最南端に位置する韮の葉に似た細長い町。塩川と釜無の清流が流れるふるさと。武田氏の発祥の地であり、滅亡の地でもある韮崎。ゆえに「武田の里」と称し、現在も歴史ロマンあふれる風光明媚の田園都市として人気が高い。

大戦争の深まりと共に少年期を過ごした私であるが周りには友だちがいて、若さが何物にも代え難い宝であった。

〝八ヶ岳おろしにこの身を鍛え、塩の流れに心を清め、韮崎男児我等は強し、我等は誓う百折不撓〟。「ふるさと」（〝うさぎ追いしかの山…〟）と同じ高野辰之助作詞による校歌の一番である。「百折不撓《ひゃくせつふとう》」は韮崎高校の校訓として現在に生きている。

韮中第三代の校長の内田与八先生は、英語の教師であったが、私たち一年生は「修身」を教わった。スポーツがお好きで、校技の蹴球（サッカー）はもちろん、野球部にもご熱心だった。放課後の校庭には、毎日のように校長先生の姿が見られた。私も帰宅前のひとき、野球部の練習を見るのが習慣となっていた。ある日の校庭で、私の所へ内田先生が寄って来られた。

「きみ、よっぽど野球が好きらしいな。どうだ、野球部にはいってやって見ないか」

野球部にはいれと言われたこともだが、校長先生から直接話しかけられたことが信じられない程のおどろきだった。今と違い、校長は一生徒からは遠い雲の上の存在というのが常識であった。

中等野球（今の高校野球甲子園大会）が近づくと、校長は東京の大学から一日三円？も日当を出してコーチを招いた。中学の月謝が五円足らずの時代にである。今にして思えば、内田先生は威張ることもなく、生徒に対しても実に心の開けた方であった。

小宮山桃園に話を戻す。

「内田先生と岡潔先生のことを、以前私は随筆に書いたことがあります」

「そうですか。父は岡先生とは特別に親しくて、父の晩年まで甲府の家に来て下さいました」と橋本夫人。

数学者の岡潔先生（一九〇一～一九七八）は、一九六〇年に文化勲章を受けた方である。岡先生の著書『春宵十話』の中に、次のことが書いてあっておどろいた。引用する。

――粉河中学では寄宿舎にはいった。舎監長は内田与八先生であった。背は低いが才気はつらつとした方で、英語の訳もおもしろかったが、舎監長として毎年寄宿生を送り出す時に、生徒一人一人の人物批評をして、だれかれはこういうことに気をつけよ、といった注意を与えるのが実によく当っていた――。

文化勲章の偉い岡先生と、ただの私とが同じ内田先生の教え子というのが不思議だった。

岡先生は奈良女子大学の教授で、雨でもないのに長靴を履いて傘を持ち、その上、気むずかしい性格という伝説めいた話が伝わっていた。数学にはとんと縁のない私なのに、岡先生の著書で、内田先生のことや、「人間の中心は情緒である」という考えを知るに及び、親しみと感動を覚えた。

ある年、私立学校の全国研修会が大阪で開かれ、岡先生の講演を聴いた。日本人の情緒は「なつかしさ」であるというのが演題のテーマのようであった。最前列に席を取って聴き入った。質問の時間の時、私は手を挙げた。

「岡先生が今まで生きて来られた中で、〝なつかしさ〟を特に感じられたのは、どんな時でしたか」先生はしばらくして、「若い頃、ヨーロッパへ留学に行く時乗った船が、シンガポールの港に近づいた時、言いようのないなつかしさを覚えました」とお答えになられた。私のような若輩と次元の異なる世界の経験ではあろうが、何となく共感できる思いだった。

講演のあと、私は恐る恐る岡先生の控え室に歩を運んだ。「私は韮崎中学で内田与八先生に教わりました」と名乗ったら、岡先生の頬がゆるみ、思いの外やさしいお顔で「そうですか」と嬉しそうであった。

内田校長は私が三年生に進級する春、勇退された。橋本夫人から二度目に頂いた手紙には、釣りの名人としての先生の様子が書かれていた。そういえば、内田先生はご自身の獲物の鮎などを売って無銭旅行をなさったとか、そんな話を昔、聞いたことがある。又、碁も何段かの腕前で、岡先生と対局中の昭和三〇年代半ば頃の写真を同封して下さった。

——退職後は甲府に住み、戦後は米軍が駐留した甲府一高の校庭を、得意な英語で兵隊に話しかけながら横切り、和田峠を越えて、昇仙峡に近い千代田湖の鯉やわかさぎを釣り、食糧難の中、貴重な蛋白源を供給してもらいました——。

と手紙に記されている。飄々たる先生のお姿が目に映るようである。

橋本夫人は八人目の末っ子で、「もう子供にはさよなら」の二字を取って「さよ」と名づけられた由来がほほえましい。私より三級上の仙ちゃんのことを、内田先生は「あまり眠ってばかりいると、うちの息子のように頭が悪くなる」と授業中に笑わせた。仙ちゃんは蹴球部のＦＷの人気者であった。練習に疲れて家ではさぞ眠かったのであろう。先生は一九七二年（昭和四七年）に九一さいでお亡くなりになった。歯科医になっていた仙ちゃんも他界した。

今年の春、橋本夫妻は車で韮崎に立ち寄られたそうだ。官舎も、あを坂の桜の木も見当たらず、七里岩の桑畠も消えて住宅が建ち、昔日の面影が変わったことを惜しんでおられた。

今私は、随筆の師として仰いだ、亡き渋沢秀雄先生のお言葉を噛みしめている。

「随筆好きの人には、向こうから話が寄ってきます」

(「青淵」二〇〇一年三月号)

一位の実

北の墓参

「横山様」と白い半紙に書かれた文字が、ガラス越しに目にはいった。旭川空港の出迎えロビーである。掲げているのは私と同年輩で、水色のオープンシャツを着た長身の男性。かたわらに女性二人。一人は緑っぽいストライプのシャツにスカート姿で、めがねをかけている。あと一人の、やせ型の女性は、淡いピンクの上着に黒の帽子、黒のズボン姿であった。

男性が私のいとこの夫であることは間違いない。だが、女性二人のどちらがいとこで、どちらが去年他界したいとこの未亡人なのか判断がつきかねた。なにしろいとこの恵美子とは、六〇年以上もの長い間逢っていないのだ。

〝六月の花嫁〟ならぬ〝六月の北海道〟にあこがれていた。北海道の旅の第一歩を旭川に選んだのは、旭川が富良野に近いことに拠る。だが、これに劣らぬ大きな理由は、この機会に旭川の伊藤家の墓参りをしたい、とずっと思っていたからである。

空港レストランで注文の品を待ちながら、私は東京から持参した小さい写真二枚を三人に示した。私の亡き両親のアルバムから剝がしてきたものである。

一枚は旭川の幼いいとこの姉弟が、母親の智恵叔母と写っている何かの記念写真のようだ。もう一枚は去年亡くなったいとこの祐道《すけみち》（恵美子の弟）の三さいか四さいの頃のあどけない写真である。

話題進行中にアンテナを働かせて、めがねの女性がいとこの恵美子、黒い帽子の女性が祐道の未亡人の静香さんであることが判った。長身の男性は、運転をしてくださる恵美子の夫の大野氏である。

「恵美子さんはこちらでいいですか」私は母親と姉弟の写っている写真を恵美子に渡した。

「静香さんは祐道のもの」

二人の女性は笑顔で受け取り、ていねいにハンドバッグに納めた。

「今日は何か観光の目当てがありますか」

と大野氏。「いえ、特には――夜、グランドホテルに予約してあります」と答えたあと、

私はつけ加えた。

「ぜひお墓参りをしたいのです。せめて祐道さんが元気なうちにお逢いしたかった」

昼食を済ませた四人は駐車場に向う。北海道のほぼ中央に位置する旭川の夏は暑く、私のふるさと山梨に似た内陸性の気候である。

この日の気温は二八度、背中の汗がじわじわとシャツにしみ込む。

遠くに大雪山連峰を望む旭川であった。

一位の実

前著の「人も風も」の中に私は「母の生家」と題する随筆を載せている。最初に書いたものから大部手を加えて、自分としては力を入れた作品である。

母の生家は山梨県北巨摩《きたこま》郡穴山村伊藤窪《いとうくぼ》にあった。現在は合併で韮崎市に編入されたが、私の郷愁の中の母の生家は、中央線穴山駅で下車し、七里岩台地の赤味がかった土の、埃っぽい坂道を登り下りしてたどり着いた。鄙《ひな》びた山村である。だから「穴山村伊藤窪」の呼び名がぴったりだ。

伊藤窪の祖父の祐泰《すけやす》は私の小学校就学以前に亡くなった。子どもたちが他県に出てしまって、横山に嫁いだ私の母だけが近くの韮崎に住んでいた。祖母のかねは生まれ故郷を離れ難く、伊藤窪の大きなわら葺き屋根の家に、敗戦後二年ほどして亡くなるまでずっと一人で暮していた。孫の私は近くに住んでいたこともあり、お祭りやお盆や正月に泊りがけで出かけた。小学校の夏休みは、ほとんど一ヶ月を伊藤窪の家で遊びほうけた。むろん宿題など手をつけてないので、八月の終わり頃韮崎から母が迎えにきて、強制的に連れ戻される。一日か二日間で宿題をでっち上げる悲喜劇は毎年の慣しとなった。

母は六人きょうだいの三番目で、次の弟が祐義叔父である。

叔父は大学を出て北海道旭川の東京帝国大学演習林の副手となった。東京からくる実習学生たちを熱心に教え、「先生、先生」と慕われていた、と母から聞いたことがある。なにしろ昭和一けたの時代である。我が叔父ながら、開拓精神旺盛な青年学求の徒であった。

叔父祐義は麓郷《ろくごう》の所長をしていた。麓郷という土地はドラマ「北の国から」の舞台となった一帯の名称である。

不幸が旭川の伊藤家を突然襲った。仕事中に、山林鉄道をトロッコに乗って走っていた叔父は、曲がり角から突然現れた林間鉄道の汽車と衝突し、不慮の死を遂げたのだ。昭和八年であった。一人はトロッコから飛び下りたが、読書中の叔父は気づかずに逃げ遅れた、とこれも母から聞いた。

この時叔父は数え年の三〇さい。二四さいの智恵叔母と恵美子三さい、祐道一さい半を遺して帰らぬ人となった。現場には殉職の碑が建っているという。

夫亡きあと、二児を育て上げた叔母の苦労は大変だった、と想像がつく。伊藤窪の祖父の葬儀の際、一族で写した写真がある。大ていの人は故人となった。私は丸坊主の着物姿だ。祐義叔父はハンサムな青年パパである。智恵叔母は福よかな面もちで幼い恵美子を抱いている。弟の祐道はまだ生まれていなかったのか。

祐義叔父の遺骨は伊藤窪の墓地に埋めたかすかな記憶がある。その後、旭川の伊藤家の人たちとは一度ぐらい逢ったかどうか。定かな記憶がない。

私の母が他界したのは昭和五九年であった。そのあと智恵叔母と電話で話したことがあった。

「旭川はいいところですよ。ぜひ昭《あき》ちゃん遊びにいらっしゃい」

受話器を伝わる優しい声であった。この叔母も平成元年に亡くなった。その後、私は体調を崩して、心ならずも自称冬眠の月日が四年間も続いてしまった。

そして昨年の秋に静香さんから祐道の訃報がもたらされた。ガンと闘った最期だった。

「亡くなる前年、ふたりで穴山村伊藤窪を訪れ、お墓参りをしてきましたの」

「母の生家」を読んだ、と祐道から手紙をもらったのを思い出した。それには、「自分の知らない父のふるさとを見に行きたい。富士や甲斐駒ヶ岳をみるのが楽しみです」と書かれていた。「知らせてくれたら、私がとび切り心を込めた案内をしてあげたのに」多分遠慮したのだろう。残念だった。

人生はいつどうなるのか予測がつかない。チャンスはその時点で生かさないと取り返しがつかない。旭川の墓参りをしたい気持ちが、私のこころにむらむらっと湧いた。

旭川の街は建物と建物の間に空地が目につく。ゆったりとした気分を起こさせる。「除雪のたまり場になるのです」と運転席の大野氏の説明。冬はきびしい土地柄なのだろう。

三浦綾子文学記念館・アイヌの住居跡・優佳良《ゆから》工芸館・雪の美術館・屯田兵記念館等、珍しいところ、感動したことは数多い。残念ながら紙面の都合で、墓参りに焦点をしぼって稿を進めることにする。

伊藤家の墓は広大な「愛宕墓地《あたごぼち》」の中にあった。智恵叔母が亡くなった時、つまり平成元年に建てた墓石はまだ新しい。長い年月のごぶさたを詫びながら線香を供えた。

愛宕墓地の中に、軍神加藤隼戦闘隊長の墓を見つけた。少年時代の血を湧かせた「エンジンの音轟々と、隼はゆく雲の果て」で始まる勇壮な軍歌が口をついて出る。軍神の背の高い石塔の影が、夕方近い墓地に長く伸びていた。

「どうせひま人ですから」翌日も三人は美瑛《びえい》の丘を通り、「北の国から」のセットを見学し、新富良野プリンスホテルまで車で送ってくれた。温かいもてなしであった。

東京に帰ってからしばらく後に、大野夫妻から、スナップ写真と手紙が送られてきた。恵美子の手紙の一節を引用して、この文章の結びとしたい。

（前略）私は小さい時から旭川で暮らし、父方の皆様方とはお会いする機会もなく、遠い親類という思いしかありませんでした。母も父との生活があまりに短く、父亡きあと、私たちを一人前にすることでいっぱいだったと思います。

私にとっての父は、茶の間に飾ってあった写真でしか思い出がありませんでした。でもこの度、昭作《あきさく》さんにお逢いして「ああ、私にも父という人があったんだな、父と血のつながる人たちが居たんだなあ」と父の存在をあらためて実感することができました。来ていただいてよかった、と心から嬉しく思います。（後略）

嬉しかったのは私も同様である。これまで遠かった旭川がにわかに近づいた北の旅であった。

幼な顔かすかに残る草花火

（「麗」一九九九年秋号）

ちいさい秋 ―― 童謡・唱歌のすすめ ――

一九九九年一二月五日、東京新聞の社説「唱歌・童謡のすすめ」の前書きは次の通りであった。――日本のうたを滅してはなりません。あの唱歌・歌曲は日本独自の文化です。外国人も感心します。もっと大事に歌い継ぎ、世界中にも広めたいものです――。

我が意を得たり、が実感である。一九四五年の敗戦を境に、我が国は独自の文化や伝統をいとも簡単に捨て去ってしまった。童謡・唱歌や日本歌曲も例外ではない。

あの敗戦から五五年。二〇世紀終幕の大詰めとなった今、世はすさみ、とりわけ「少年」という名の凶悪犯罪が新聞を賑わさない日は珍しいくらいだ。

一八さい、一九さいが「少年」なのか?でも議論をここでするつもりはない。ただ、戦後の日本が、高度成長に目がくらみ、子どもの情操や情緒、感性の育成をおろそかにしてきたことに大きな要因があることは否めまい。童謡や唱歌を放り投げ「歌を忘れたカナリヤ」にしてしまったことと無縁ではない。

第一親が、自分の国の童謡や唱歌を知らなさすぎる。当然の結果歌うこともできず、昔の日本の姿や、美しいことばを、悲しくも我が子に伝えることが不可能になってしまった。

日本の童謡は作曲はもちろんだが、歌詞が優しく美しく、真珠のように輝くものが多い。児童文芸誌「赤い鳥」などに拠った著名の文学者が子どものために一級品の詞を提供したからである。

北原白秋・西条八十・野口雨情・三木露風・サトウハチロー・高野辰之、その他一流の文学者が童謡の隆盛に貢献した。

作曲はといえば、山田耕筰・滝廉太郎・本居長世・弘田龍太郎・中山晋平など錚々たる方々である。

昨今のテレビから流れてくる多くのCMソングなどは、リズミカルで現代っ子の感覚に合っているようだ。ロック調の曲などを私自身も嫌いではない。「ラップ」というリズムだけのことばを並べたような歌も人気がある。聞いてなかなか調子よく、思わず身体が拍子をとっている。私などはトシの割りには、ロック調の現代風の曲を好きな方かも知れない。

であるが、昨今流行っている歌の多くが、メロディーから遠ざかり、更に言えば、日本語をおろそかにしてしまった感を拭い切れない。

いつか文部省唱歌の「四季の雨」が、若者に人気が高かったとの記事を読んだことがある。「降るとも見えじ春の雨、水に輪をかく波なくば、けぶるとばかり思わせて、降るとも見えじ春の雨」というのが一番の歌詞である。リズム漬けの若者にとって、スローテンポが新鮮に映ったのではあるまいか。

「四季の雨」が出たついでに、敗戦後の日本が全般的に、文語調や韻をふむ詩を遠ざけ、むやみに散文調の詩を多く採用した現象が気になる。ヨーロッパの国々では、自国の古い詩や文章を、その時点で子どもの理解が伴わなくても暗記させることに時間を使うと聞く。日本の学校は、記憶力旺盛な子どもから、むしろ楽しみとさえ言える暗記あそびを取り上げてしまった。そして「考えろ、考えろ」教育に走り過ぎたように思う。文語調の文章は覚えやすいし、算数の九九は「考えろ」の分野ではあるまい。私などの小学校時代の先生は、隅から隅までよく教えてくださった。

家庭の崩壊が心を痛める昨今である。こんな時私は「ぞうさん」(作詞・まどみちお、作曲・團伊久磨)の童謡を思う。

一、ぞうさん　ぞうさん
おはなが　ながいのね
そうよ　かあさんも　ながいのよ

二、ぞうさん　ぞうさん
だれが　すきなの
あのね　かあさんが　すきなのよ

易しいことばとメロディーで表現されるこの歌の、母と子の情愛が胸を打つ。思わず涙ぐむほどである。又、家族団欒の文部省唱歌を一つあげておく。「冬の夜」の一説。

ともし火近く　衣縫《きぬぬ》う母は
春の遊びの楽しさ語る
居並ぶ子どもは指を折りつつ
日数かぞえて喜び勇む
いろり火はとろとろ　外は吹雪

続いて「アメフリ」（作詞・北原白秋、作曲・中山晋平）の一部を紹介する。

三、アラアラ　アノコハ　ズブヌレダ

ヤナギノ　ネカタデ　ナイテイル
ピッチピッチ　チャップチャップ
ランランラン

四、カアサン　ボクノヲ　カシマショカ
キミキミ　コノカサ　サシタマエ
（くり返し）

五、ボクナラ　イインダ　カアサンノ
オオキナ　ジャノメニ　ハイッテク
（くり返し）

童謡はいじめ防止の手段でないのはもちろんだが、副次的にこのような優しい気持ちを育む効果が自然に生じる。

ごく最近私は、東京書籍の小学校教科書「新訂・新しい音楽」に、ざっと目を通してみた。文部省唱歌といわれる歌がかなり減ったことを確かめたかったからである。結果は各学年幾つかは残っていて、内心ほっとした。

一年では「おちゃらかほい」（わらべうた）、「ぶんぶんぶん」「ひらいたひらいた」「うみ」「ぞうさん」等。

二年では「夕やけこやけ」「虫のこえ」等。

三年では「茶つみ」「春の小川」「うさぎ」（日本古謡）「ふじ山」等。

四年では「さくらさくら」「まきばの朝」「とんび」「もみじ」等。

五年では「こいのぼり」「スキーの歌」「冬げしき」「花」等。

六年では「おぼろ月夜」「われは海の子」「ふるさと」等。

「われは海の子」の「煙たなびくとまやこそ」のとまやが、今そんな粗末な家は存在しない、と言う役人が居たり、「村の鍛冶屋《かじや》」は生活様式に合わないなどの意見があった。けれども、これなども説明すれば済むことで、簡単に捨て去らない方がよいのではないか。

教科書がミュージカルの中から、「サウンド　オブ　ミュージック」や「メリー　ポピンズ」のナンバーを入れてあるのは楽しかった。更に「アリラン」や「コンドルは飛んで行く」など、他民族の名曲を加えたのも意義がある。

昔とちがって参考曲などあって、やることが多いようだ。これらの教材を教師がいかに取扱い、母親たちがいかにふくらませてあげるか、課題となる。

「めだかの学校」「夏の思い出」「雪の降る町を」など、美しく親しみ易い数々の名曲を世に送った作曲家の中田喜直さんが、ことしの五月に七六さいで亡くなった。子どもだけでなく、疲れている大人たちにも、長く歌えるよい曲を、もっと創ってもらいたい人であった。

中田さんの生前、もう一〇年以上も前であるが、私の勤務していた成城学園を会場にして、私立学校の音楽研究会が開かれた。講師は中田喜直先生であった。

中田さんは「先生方はぜひきれいな伴奏をつけて子どもに歌わせてください」と自らがピアノの前に腰かけ、自作の「ちいさい秋みつけた」を前奏から弾きはじめた。心にしみ入るようなピアノの音色であった。こんなにきれいなピアノで歌える子どもたちは幸せだし、歌を好きになるだろうと思った。

壺井栄の小説「二十四の瞳」で有名な瀬戸内海小豆島《しょうど》で、島内の名所に童謡スポットを設ける計画と、ラジオが報じた。高峰秀子扮する大石先生の映画の中で歌われた「七つの子」や「夕やけ小やけ」。寒霞渓《かんかけい》では「もみじ」を採用するとか。それぞれのふるさとで、土地に縁りのある童謡や唱歌をゆり起こし、心の拠り所を復活させる試みを多いにやってもらいたい。

紙面がぼつぼつ尽きてきた。そこで、文部省唱歌「鯉のぼり」の歌詞で締めくくることにしたい。なよなよと頼りない若者たちが街にあふれている。この男の子《おこ》たちが、日本の将来を背負ってゆけるのか、私などは気になるこの頃である。

「鯉のぼり」のCDでは、タンポポ児童合唱団の福村亮治少年が、勇壮な歌詞を、はち切れるようなボーイソプラノで力強く歌い切っていて気に入った。

一　甍《いらか》の波と雲の波
　　重なる波の中空を
　　橘《たちばな》かおる朝風に
　　高く泳ぐや鯉のぼり

二　開ける広きその口に
　　舟をも呑《の》まん様《さま》見えて
　　ゆたかに振《ふる》う尾鰭《おひれ》には
　　物に動ぜぬ姿あり

三　百瀬《ももせ》の滝を登りなば
　　忽《たちまち》ち竜になりぬべき
　　我が身に似《に》よや男子《おのこご》と

空に踊《おど》るや鯉のぼり

（「麗」二〇〇〇年秋号）

一位の実

あそび心

私は墓参りが趣味である。ことに、ふるさとに小さな家を借り、ひとり住む日が多くなってから、趣味が高じてきた。

両親・祖父母の墓は韮崎の船山という小高い丘にある。墓参りの時は、下の望月さんという家の空地に車を置かせてもらって墓に昇る。望月さんの家の飼い犬は私によくなついて、私の姿を見るなり嬉しさあふれんばかりに尾を振り、すぐに腹を上にして寝ころんでしまう。私の愛撫を待つのだ。

私の知る限りにおいて、この犬は、去年と今年、二度にわたって仔を産んだ。一度に数匹ずつだから、望月さんは、新しい飼い主を探すのに苦労した。望月さんはよくできた方で、犬の散歩のついでと言って、私の両親の墓の草をきれいに除いてくださる。私も、ついでと言っては悪いが、望月さんのご両親の墓前に線香を上げることがある。

私の親が亡くなった少しあと、成城学園の卒業生で、私と親しい吉岡くんが車を運転して韮崎へ行ってくれた。夕暮れであった。

墓について隣りをみると、土が盛り上がり、一目で火葬してない墓とわかった。もっと山の中ならともかく、韮崎で土葬の墓なんて今どき見たこともない。吉岡くんは「早く下りましょうよ」と私を急かした。私だって内心おだやかならぬものがある。隣りの新しい盛り土に手を合わせて、あたふたと墓を離れた。あとで聞くと、宗教的な意味合いがあって、特別に土葬の許可を取って埋めたらしい。吉岡くんは「夕方にお墓参りすると人魂が舞いますよ」と真顔で私をたしなめた。

話は飛んで昨年のことである。都合で夕方になってから墓参りをした。その晩、ある教育者と会ったとき、私は、

「さっきお墓参りをしてきました。ユーレイが出ては困るので、急いで山をおりました」

と言ったら、

「ユーレイなんて出るわけありませんよ」

と、ひどく真面目な顔でおっしゃった。これには私の方がおどろいた。

「ユーレイに逢わなくてよかったですね」

ぐらいの軽い返事を期待していた私であった。私は真面目一方のこの方の顔を、しげしげと見つめてしまった。

お墓の話をもう一つ。新聞で読んだか、ラジオで聞いたかよく覚えていない。イタリアのある町の話である。

町営の墓地がいっぱいになり、市では風光明媚な場所に墓地を新設しようとした。たちまちにして近所の住民から反対の声が上がった。止むを得ず、別の土地を探すことにして市長は要望を出した。

「新しい墓地が完成するまで、なるべく生き延びてください」と。

新しい墓地がようやくでき上ったとき、市長は再び談話を発した。

「私の要望はおおむね守られました」

これからは安心してあの世に行ってくれ、とはさすが言わなかったが、ユーモアがあって私は思わず笑ってしまった。

スポーツニッポン紙、二〇〇二年一〇月七日の記事をそっくり借用する。主人公はレッジーナで活躍する中村俊輔選手。

――中村がセリエAで確実に成長し、自信をつかんでいるのは間違いない。会見の最後で地元記者に、

「イタリアで3点決めたから、覚えたイタリア語を3つ教えてくれ」

と質問された。

中村は、ブォンジョルノ（こんにちは）

　　ブォナセーラ（こんばんは）

に続いて、ディメンティカート（あとは忘れた）

会場の爆笑を誘った。セリエAの一流選手として着実にイタリアで受け入れられている。

長野県佐久、八千穂村に奥村土牛記念美術館がある。千曲川が近くを流れる小高い場所である。文化勲章まで受けた奥村土牛が、戦中戦後にかけてこの村に疎開していた。これが縁で、たまたま村に寄贈された立派な日本家屋を、記念美術館として活用したらしい。家屋もどっしりした二階建てだが、よく手入れされている庭園も見事だ。池があって、いかにも佐久らしく大きな鯉が泳いでいる。

おもに、土牛画伯のデッサンが展示してある。仔牛（一九八三）、寅（一九八六）、バレリーナ（一九五六）、佐久風景（一九五〇）、舞妓（一九七九）、富士（一九六五）、牡丹（一九六五）などである。

廊下には、画伯の長男が撮影したという写真が展示してあって、これがなかなかおもしろい。

晩年の画伯が松本城に行かれた時の写真である。城の石垣を背景にして、奥村さんがデッサンをしている。周りを記者たちが取り囲む。この写真の中に、画伯一行とは無縁と思われる人の好さそうな男が一人おさまっている。説明文を読んでみた。

男「おじさん（画伯のこと）絵が巧いね。だけど、ここをさあ、もう少し、こう直した方がいいよ」

文化勲章まで受けた日本画家に向って、天真爛漫な男の発したことばを、私はこの場に居て聞いてみたかった。記者連の笑いをこらえた胸中、いかばかりであったろう。

動く駐車場と呼ばれる世田谷通り。渋谷からバスで砧の自宅に帰る車中のひとこまである。関東中央病院から、二人の老婦人が乗りこんできた。二人はシルバーシートに並んで腰かけた。

「あなた、なんというお名前ですか」

と一人が眼鏡のもう一人に話しかけた。

「私？　横井っていいますの。で、あなたは？」

「長谷川です。どうぞよろしく」

どうやら二人は、この日病院で初めて顔を合わせた方らしい。バスは環八通りを横切り、NHK技術研究所に近づいている。

「あなた、横田さんて言いましたっけ？」

「いいえ、横井です。あの、横井庄一さんの横井です」

横井庄一さんは、終戦後グアム島密林内に取り残されて、昭和四七年に生きて帰還した元日本兵だった人だ。

「そうですか。横井さんでしたね」と納得顔。

「私も忘れました。あなたは？」

「私ですか。長谷川です。長谷川一夫さんの長谷川と覚えていてください」

私は吹き出しそうになるのをやっとこらえた。林長二郎こと後の長谷川一夫は、水もしたたる美男として一世を風靡した役者である。
脚本家でもめったに書けない好対照の有名人を、この老婦人たちは事もなげに口にした。遅々として進まぬバスだ。でも、たまには、こんな楽しいひとときを持つことができる。

（二〇〇三年九月）

惜春の雨　―　姫路・尾道　―

佳き城に登りたる日よ若葉雨

私にとって初めての姫路城である。たまに山陽新幹線で通ることはあっても、姫路はいつも通過点に過ぎない。車窓から名城の姿をはるかに眺め、後髪を引かれる思いで遠ざかっていた。

ことし四月一八日、あこがれの姫路城に下車する機会を得た。「黄鐘《おおじき》」主宰の加藤三七子先生が「俳人協会賞」という大きな賞を受賞され、黄鐘同人主催による祝賀会が姫路のホテルで開かれたからである。

この日は雨となる。内輪の祝賀会とはいえ、二〇〇人近い人たちが集い、なごやかなふんいきで先生をお祝い申し上げた。和服もよくお似合いの三七子先生は、華やかで若々しい。そして、いつもと変らぬ優しいお心遣いを、同人の一人一人に注いでおられた。

会がお開きとなり、一〇数名による姫路城吟行に移る。もちろん三七子先生を囲む勉強会だ。

小雨は降り止まない。世界文化遺産で国宝姫路城について、浅学の私などが今さらくどくどと述べる必要はあるまい。別の名〝白鷺城《しらさぎじょう》〟とは言い得て妙。どの角度から眺めても、いささかの破綻も見出せず、優美この上なき芸術品である。「外は白鷺、内は要塞」ガイドブックの見出しがぴったりだ。

殺伐たる戦国の世は、一方においてなんと優雅で、ロマンの香り高い時代であったのか。このような名城を築き上げた先人の偉大さにあらためて感じ入る。

華麗な城なればこそ、ドラマチックな千姫の生き方が美しく語られる。又、播州皿屋敷「お菊井戸」の悲劇や、宮本武蔵の妖怪退治の伝説。さらに、武蔵とお通とのすれちがい悲恋の話などが創作されるのではあるまいか。

私が姫路の天守閣に特別の好奇心を持った理由は、三月の歌舞伎座で、泉鏡花原作の「天守物語」を観たからである。姫路城の天守閣でくりひろげる幻想物語だ。

木造の急な梯子段を登りつめた。ここに刑部大神が祀ってある。格子窓のすぐ前に鯱ほこの姿がある。眼下に姫路の街並みを見下せる。桜は花が葉に移る時期で、四方に播州平野が展けていた。重さ五、〇〇〇トンの姫路城の最上層に立ったわけだ。

歌舞伎座の「天守物語」は、天守の精で臈長《ろうた》けた富姫に玉三郎。勇壮なる美丈夫姫川図書之助《ずしょのすけ》に市川新之助、猪苗代から遊びにくる富姫の妹分亀姫に尾上菊之助という新鮮な配役である。

完成度の高い芝居で、息をもつかせぬ迫力で、観客を鏡花のファンタジーに引き込んでいく。玉三郎の妖艶、新之助のりりしき美しさ。菊之助の愛くるしさなどで、めったに観られない評判の名舞台であった。

もちろん芝居は虚構である。それでも、天守のうす暗い心柱のかげから、芝居の獅子頭がいきなり猛り狂って出るのではないか。こんな妄想に駆られる午後であった。

天守閣おぼろ鏡花の妖気あり

黄鐘の同人と姫路駅で別れて一人となる。旅のもう一つの目的は、ぜひ尾道を味わいたかったからだ。新幹線が新尾道駅に着いた頃、ようやく春の日が暮れようとしていた。

予約してあったホテルにタクシーで向う。海の見える部屋と頼んでおいたけれど、このホテルから海はあまり見えない。

翌四月一九日。この日も雨は上がらない。歩いて五分、在来線の駅の前に出た。千光寺の展望台に登りたいわけだが、この分だとほとんど見晴しが利かないだろう。私は駅前に停まっていたタクシーの人となる。

運転手さんは六〇代とおぼしき中背の人である。「どこか、海の見える場所を走ってください」初めての尾道なので、無責任な注文を出した。

五月一日に開通する「しまなみ海道」の垂れ幕が、町のあちこちに見られる。尾道と愛媛の今治を結ぶ橋である。自転車や徒歩でも渡れるというから人気がある。

新尾道大橋がスマートな姿を現した。その先に、すでに通っている尾道大橋がある。「向島《むかいじま》まで渡りましょうか」と運転手さん。「おまかせします」と私。以前観光車に乗っていたそうで説明が要を得ている。「年金でなんとか暮せるからあくせく働きません」と言う。彫刻が趣味で、今〝不動明王〟を彫っているとのこと。村上水軍の海が雨にけぶる。

尾道の訛りを聞けり余花の旅

運転手さんの話はつづく。

「私は一〇人きょうだいです。父親は漁師で、村で最初に舟にエンジンをつけました」

因《いん》の島大橋を背景にシャッターを切ってもらった。

「近頃は報道が発達しているから、サメの出没に大さわぎしますが、昔もあったんですよ。子どもの時分、友だちが泳ぎの最中にサメに太ももをもぎ取られました。幸い生命だけは助かりましたが――」

ふたたび尾道に戻り、運転手さんのすすめで浄土寺を見た。寺の多い土地柄だ。国宝「多宝塔」の前でふたたびカメラにおさまる。

そもそも私が長い間尾道にあこがれたのは、林芙美子原作で菊田一夫氏が日比谷の芸術座で手がけた「放浪記」に依るところが大きい。一九六一年（昭和36年）の初演以来、二年に一度くらい上演し続けている。林芙美子を演じるのは森光子である。芙美子が光子か、光子が芙美子か、区別がつかぬほど一体化してしまった森光子の代表作である。

芝居大好き人間の私は、これまでに一〇数回は「放浪記」の舞台を観ている。記憶では、汽笛が鳴って、舞台に汽車の煙が吹き流れる場面があり、そこが尾道の町であった。

千光寺から見下す展望に見とれた。濡れた桜の花や葉を通して尾道水道がうるんでいる。朱の色をした巨船が停泊。雨の風情も捨てたものでない。「文学のこみち」を散策したあと、ロープウェイで下った。

石だたみの細い坂道で郵便屋さんと出合った。この人は、はるか下に自転車を乗り捨てて配達していた。旅人は尾道の旅情などと呑気なことを言っているが、この町に住む人々の日常は、かなり不便な生活を強いられているのではないか。

志賀直哉の旧居や、林芙美子の仕事場の再現などを見学する。汽車ならぬ電車がごうごうと通り過ぎた。長い長い貨物列車である。乗っているコンテナの数は少なく、半分以上が空《から》で走る。これも不況のせいなのだろうか。

尾道の坂みち都忘れ咲く

ホテルに戻り夕方から眠ってしまった。目が覚めたのは九時頃で、ホテルのレストランは店閉いした後である。

何か食べなくては——暗い町に出る。二つの店に断られ、三つ目の、飯も出してくれるという居酒屋にはいった。若い夫婦がカウンターの中でこまめに動く「くしま」という駅裏の店だった。

肴も飯もうまかった。隣の椅子で酎杯を楽しむ青年と話した。どこかエキゾチックな面影のある人だ。尾道で育ち、尾道の会社で働いているという。

奥の小部屋では数人の客が陽気に飲んでいる。目が会ったのか若者は「ニーハオ」と奥に声をかけた。〝やっぱり〟と私は思い「あなた、中国の方?」と言ってみた。

青年はとんでもないとばかり手を振り「ぼく純粋な日本人ですよ」とむきになる。続けておかしそうに次のように話し出した。

「道路でフィリピンの男に抱きつかれたことがあります。『母国語で話そう』ですって」

高校時代演劇部にいたという尾道っ子は、快くひびく声の持主だ。目も魅力がある。

「ぼく、あした会社が休みなんだけど――そうか、明朝お帰りですね」と言う。案内してくれるつもりだったのだろうか。

私は山梨県からもらった〝甲斐の国大使〟の名刺を渡した。県特産の和紙にぶどうの香が染みこんでいる。

若者は名刺を鼻にあてながら「ぼく武田信玄のファンですよ。軍師の山本勘介、本読みましたよ」と目を輝かす。「いつか甲州へいらっしゃい。案内してあげます」

店が看板となり、私は一足先に外に出た。傘は要らないほどの細かい雨である。お銚子一本の酒が効いて頬を上気させた。

雨となる南風《みなみ》の中の芙美子の碑

（「麗」一九九九年夏号）

金沢好日

加賀の空秋の夕焼けに燃えゐたり

富山から金沢に向う北陸本線。車窓から夕焼空に見とれた。空いっぱいにまたがるうろこ雲である。

金沢駅に降りたった時はすでにとっぷり暮れていた。駅前は再開発の建築が進められている。そのせいもあるのか、ネオンは少く、街燈も小さくて、なんとなく暗い。空襲で焼かれなかった古都金沢は、その分、街の近代化が遅れたのかも知れない。

駅前のホテルに落ちつく。私はこの日、富山国体の高校サッカーを観るために、空路富山入りをしたのだ。ところが開催県のホテルは例によって一般人には取りにくい。止むを得ず金沢に宿泊することになった。おまけに、郷里のチームが初戦に敗れた。二泊のつもりで来た私は、一日完全に空いてしまった。こうなってみると、金沢のホテルに泊まれることは、かえって好都合であった。

一夜明けて一〇月一六日。タクシーで市内を回ることにした。ホテル前につけていた運転手さんは山田さんという。観光タクシー歴二〇年という四〇代とおぼしきやや小柄な人であった。

もう四〇年ぐらい前になろうか。私は一度だけ金沢を訪れたことがある。誰と、何できたのか記憶は薄らぎ、名庭園兼六園で休んだことをかすかに思い出す程度である。

山田さんは「どこをごらんになりますか。お客さまのお望みの場所へ、どこにでも」よく通る声で聞かれた。気さくな運転手さんだ。言われても予習をしてきたわけではない。思いつくままに私は答えた。

「私としては旧制の四高を見たいです。それと、泉鏡花にゆかりのある所、あとは運転手さんにお委せします」

こんな調子で、気楽な金沢ミニ観光となる。

秋高し百万石の城下町

先ずは浅野川のほとりに立つ「滝の白糸」の碑。この芝居をかなり前に、初代水谷八重子で観たことがある。水芸の見事さにおどろいたものだ。このあと車は「ひがし茶屋」街へとはいった。案内書によると、ひがし廓は一八二〇年（文政三）に、この近所に点在していたお茶屋を、加賀藩がここに集めて町割りしたものである。格子戸と大戸、二階造りは藩政時代の面影を残し、金沢では最も情緒のある町並と説明している。

金沢指定文化財の「志麻」というお茶屋を見学する。「大戸」「吹抜け」「いろり」「石室《いしむろ》」「井戸」などが残在する。一元さんは遊べないという格式あるこのお茶屋は、上流町人や文人を客としていた。陳列の櫛や三味線のばちが歴史を物語る。

木曽の馬籠などもそうだが、こういう由緒ある家屋が文化財に指定されると壊すこともできず、維持保存に金はかかるし、当事者の苦労は多かろう。

車は卯辰山《うたつやま》の山頂に進む。お城から卯辰の方向にある山である。金沢の街を見下し、はるか先に日本海を望むことができた。

泉鏡花記念館は落ちついたたたずまいであった。一八七三年（明治六）に金沢で生まれた鏡花は、明治半ばから、大正・昭和にかけて数々の名作を発表した文豪である。一九三九年（昭和一四）に六六さいで他界した。

名作「高野聖《こうやひじり》」をはじめ、「夜叉ヶ池」「海神別荘」「天守物語」など、鏡花独得の幻想の世界を創り出した人だ。

舞台を観ることにかけては人後に落ちない私は鏡花作品の「夜叉ヶ池」をずっと以前に観たことがある。そして昨年は「天守物語」を歌舞伎座で、今年の春は新装なった日生劇場で「海神別荘」を観た。二つとも、坂東玉三郎と市川新之助コンビによる芝居である。とりわけ「天守物語」は大評判であった。天守の精で臈《ろう》長けた富姫に玉三郎、若き美しい青年武士に市川新之助。この二人による燃えあがる幻想世界の恋物語に観客は息をのんだ。芝居を観たあと、私は姫路城の天守閣に自ら登ってきたほどだ。

鏡花は九さいの時に、美しき母親すずと死別した。一七さいで上京、金色夜叉の作者の尾崎紅葉の弟子となり、次々に小説を発表する。母と名前が同じの芸者すずと恋におちるが、師匠の紅葉に結婚を許してもらえず苦労する。この間のいきさつは、芝居の「婦《おんな》系図」に形をかえて登場し「湯島の白梅」の場で一般に知られている。

よく掃かれた庭の一隅に、彫金師の父親清次と幼き鏡花（本名・鏡太郎）の並ぶ像が立っている。母親のすずは下谷生まれで、能の葛野流太鼓師・中田豊喜の娘とある。鏡花の作風に両親の血筋を思い、古都金沢の感化の大きさを知る記念館であった。

話はとぶが、一〇月の日生劇場で「鏡花幻想」――恋女房すゞという女――を浅丘ルリ子主演で上演している。無性に観たくなった。夕方ホテルに帰ってから帝国劇場に電話をかけ、チケットを一枚手に入れた。

秋の旅鏡花の町に遊びけり

旧制第四高等学校跡は、最も行ってみたい場所であった。赤レンガの二階立ての校舎は今なお風格をたたえ、しかもモダンである。黒い瓦屋根からこれも赤いレンガの煙突が空を向く。屋根の中央には装飾を兼ねた多分避雷針。玄関前の広場には枝ぶりのよい松の木。「石川近代文学館」と刻られた石碑に手をかけ、松と校舎を背景にして、山田さんにシャッターを切ってもらった。校舎から出てきた初老の男性に「よッ！　決まっていますね」と声をかけられた。

館内を見学する。室生犀星の書斎が再現してあった。金沢と四高にゆかりのある作家や思想家（例えば鈴木大拙や西田幾多郎）や、鏡花賞を受賞した作家たちの展示の部屋がある。

井上靖、五木寛之。山岳作家の深田久弥の展示もある。深田氏は私のふるさと韮崎の温泉「穴山能見荘」を終いの宿とし、翌日茅ヶ岳《かやたけ》で急死した作家である。

演出家の北村喜八が四高の出身であることをはじめて知った。北村氏は俳優座の女優村瀬幸子の夫である。四高時代のハンサムな写真におどろかされた。

又話は飛ぶ。あの大戦争に日本は敗れ、学制改革で、いわゆる現行の六・三・三・四制に移行した。全国で三〇校余りあった伝統ある旧制高校は、占領政策の一環として〝平等〟の名のもとに姿を消し、新制大学に昇格？　して一般化してしまった。敗戦から五〇数年も経ってしまった今となっては取り戻すすべもない。日本の学校制度の軸として、多くの人材を育成した旧制高校を失ったことは、日本の大きな痛手であったと思う。

旧制高校と共に、旧制の専門学校（今の専門学校と異り、文部省令による三年制の学校）も、工業・商業・農林・水産などの分野があり、地方の都市と密接な連携を保ちながら、多くの実務者を世に送っていた。だがこちらも、おしなべて新制大学に昇格し、ひと頃はマスコミから駅弁大学などと皮肉られたこともある。要するに特長を失い、どこも同じような学校になってしまったのだ。

旧制高校は私などには高嶺の花であった。一八さいか一九さいの生徒たちは、蛮風もあったが、学問に打ち込み、理想を語り、哲学を論じ、恋愛にも悩んだ。帝国大学への道がひらけているわけだから、今どきのように受験勉強にぎくしゃくしなくても済む。世間も年若き高校生たちを一人前として扱い、一目置いてくれた。反論を受けるかも知れぬが、彼等は日本のエリートたちであった。旧制高校は人間形成の重要な場所であったのだ。それに比べ、今の一八さい一九さいの多くがいかに子どもっぽいことか。二〇世紀の終わりに当り憂うることが多過ぎる。でも、年寄りの冷や水と言われそうだから、このあたりで口をつぐもう。

太平洋に注ぐ富士川や大井川などに比べると、犀川の幅は思ったより狭い。京都の加茂川を少し拡げたような風情であった。室生犀星はこの川の美しさに魅せられて、自らの筆名をつけたという。川のほとりの文学碑は、赤御影石で流し雛に型どってある。胸に犀星自筆の〝あんずの花よ〟を染めつけた陶板を抱く。

犀星の詩碑に触れたり秋の風

山田さんは暗唱していた犀星の詩を披露してくれた。ロマンチストの表情である。

「うつくしき川は流れたり　そのほとりに我は住みぬ　春は春の　夏は夏の　花つける堤に座りて　こまやけき本の情けと愛とを知りぬ　いまもその川流れ　美しき微風とともに蒼き波たたえたり」

兼六園は紅葉には少し早い。風物詩の雪吊りもまだであった。団子を買い、山田さんと並んで腰かけ、雁行橋を眺めながら頰張った。加賀百万石の味である。

一位の実炎えて北国日和かな

（「麗」二〇〇〇年冬号）

温かい雨

一位の実

「明けましておめでとうございます」

めりはりの利いたソプラノが受話器を伝わる。加茂さくらさんであった。

「正月早々、テレビ番組で句会のゲストに出演します。どうなることでしょう。速成で句作のコツを教えてくださいませんか」

いきなり言われても、駆け出しの私にそんな力量があるわけない。こちらが教えてもらいたいほどだ。

私はひと息ついた。冬には珍しく、夜来の雨が降りやまない。「冷たそうな雨ですね」と、意味のないことばを発する始末。

「ところで、お母さま、お元気ですか」

次に気分を変えて、質問と関わりないことばが私の口をついて出た。加茂さんが宝塚の娘役トップ時代から、彼女の歌に魅せられてきた私である。母上とも何度かお目にかかっている。お齢《とし》より若い上品なお顔が浮かぶ。

「おかげさまで、平穏に正月を迎えました」

なんとも要領を得ないまま電話は終わった。

テレビ句会の季題は〈毛糸編む〉と出た。結果を知りたくて、私は自宅のテレビの正面に席をかまえた。

　雨の窓母をおもひて毛糸編む

加茂さんの句は流石《さすが》だった。離れて暮らす母上への情愛がこまやかである。そしてこの句は、見事第一席にかがやいた。正月の雨は〝温かい雨〟に変わったのだ。

後日賞品にもらったというベージュの毛糸着が贈られてきた。加茂さん手編みのベストであった。

（「ＥＶＥＲＹ」一九九八年一二月）

中国点描

時間が五〇年は逆戻りしたような北京空港であった。

建物はむき出しのコンクリートの柱が立ち、殺風景な青果市場を思わせる雑踏ぶり。外に出て、迎えのバスにたどりつくまでが一苦労だ。おびただしい人の群れとかん高い話し声、どのタクシーも、あたり構わず警笛を鳴らし続ける。

一瞬の気を抜いたら交通事故につながりかねない。霧だか靄《もや》だか、煙のようなものが立ち込めている。その上、異様な匂いが鼻をつく。ここが、首都北京の玄関口とは、予想だにしない混雑ぶりであった。

「朝日旅行」という旅の広告で「古都・西安、北京、蘇州、上海満喫の旅」の見出しを見つけたのは九月下旬であった。近い国だし六日間という日程の短さも気に入った。若い頃からあこがれて一度は行ってみたいと思っていた。心を決めるのに五分も要しなかった。一〇月二四日に成田を出発、参加者は一二名という少人数。女性の添乗員が付いていて三度の食事の心配もない。ホテルも一流で、私は個室をとってもらったのでよけい快適だ。その割りには、私の常識からすると全費用も割安であった。

ホテルで初めての夜を過ごして朝を迎えた。霧が深い。「北京秋日」には縁遠い天気だった。この国で〝日本晴〟を望むのは無理なのだろうか。

今までテレビでは知っていたが、目の前に見る人間の多さ、通勤者の自転車は圧巻である。人々はバスの前を平気でくぐり抜けて横断する。タクシーは警笛を鳴らしっぱなしで、右へ左へと曲芸運転を披露しながら追い抜く。車が右側通行ということもあって、私の頭はよけい混乱する。リヤカーが何一〇羽ものにわとりを乗せて市場に向う。広場では朝の体操――太極拳が行われている。人々の服装は黒かグレーである。

長城に女坂あり霧晴るる

お上りさんだから、万里の長城と故宮を見なければ話にならない。そして、一見の価値は十分にある中国の遺産であることを実感として知った。

奥深き故宮なりけり菊日和
秋の虹ラストエンペラー思うなり

夕刻〝王府井《わんふーじん》〟という北京一の繁華街で自由行動となる。〝銀ぶら〟ならぬ〝王《わん》ぶら〟である。裏街から一歩表へ出れば、近代建築の立ち並ぶ商店街となる。その落差におどろいてしまう。同行の婦人がトランプを買ってきた。二〇〇円だそうである。三つも角《つの》の出た柿を見つけた。突然変異の柿らしい。珍しいので求めた。スーツケースに収めて土産に東京まで持ち帰った。

旅の三日目は西安に向う。西安は昔は長安と呼んだ都である。北京からの国内線は下界に砂漠などを見下しながら順調に飛行を続ける。ぽつぽつ着陸体制かな、と思っていたら機内放送が伝えた。

「西安は霧のため視界が悪く、太原《たいげん》に緊急着陸します」

えらいことになった、と言ったところでどうにもならない。だだっ広く、街の家屋など見ることも出来ない太原空港のロビーで、約三時間を費した。こんな時でも中国人は慌てない。せっかちの私などは見習うべきだ。滑走路の脇を自転車に引かれたリヤカーが荷物を運んでいる。牧歌的な風景である。

結局四時間遅れの西安空港に着いたのは午後三時頃であった。シルクロードの入り口として、紀元前から秦、漢、随、唐などが栄華を誇った都である。

何はともあれ、「兵馬俑《へいばよう》」を見学しなければならぬ。バスは民家の並ぶでこぼこの道をひたすら走る。

ここでも自転車の波である。一〇〇台のうち、九〇台ぐらいまでが、日本ではめったに見られないほどの古い代物である。残り一割弱が比較的新しく、そしてごく稀にバイクを見かけることがある。上着がじゃまになるほどの暑さだ。

旅の期間中ずっと私たち一行についてくれたガイドの名前は李さん。西安の外国語大学で日本語を修得し、流暢に話す。ことし結婚したばかりという若い男性である。

李さんは「酒池肉林」「美人薄命」などの、中国人だからとも言えるが四字熟語を使いこなす。「償《つぐな》う」や「悉《ことごと》く」や「目鼻立ち」などの日本語が自然にとび出すので恐れ入った。ろくに母国語を話せない日本の若者に聴かせたいくらいだ。

自転車が無燈であることに気づいた。「そうなんですよ」と李さんの答え。日本で運転中に、突然飛び出す無燈の自転車に冷やりとした経験を持つ私である。李さんは、「これだけの数の自転車が全部ライトをつけたら、自動車の運転手は目がくらんで走れません」

なるほど「みんなで渡れば恐くない」を思い出した。横断歩道は少く、信号もあまり見かけない。「早いもの勝ち」「強い者勝ち」の様相である。すさまじい交通戦争——。

「李さんは一人っ子ですか」

「私はちがいます。人民政府の一人っ子政策は、はたち位から下の人たちに適用されているのです」

説明によると、一九五〇年に四億だった人口が、五〇年を経て一三億人に膨張したとのこと。「止むを得ない政策ですね」と李さんはつけ加えた。

それでも農村地帯では労働力が必要だから二人目を産む。「産むと罰金を取られます。でも取られても背に腹は変えられません。人手が欲しいからです」

都市の勤め人が二人目を産むとクビになるとはむごい話だ。

一人っ子には両親と父方の祖父母、母方の祖父母が居る。つまり一人の子どもを六人の大人で可愛がるわけである。子どもの欲しがるものは何でも買い与える。バイクやウォークマン、ゲーム機など何でも――。仕事はさせない。勉強だけやればよい。子どもは〝小皇帝〟である。「世界は自分一人のために回っている」と思い込むのは当然であろう。

子どもは利己的になる。一歩外へ出ればからっきし意気地がない。入学試験も就職試験も親同伴。子離れ、親離れができないまま、子どもは大人になっていく。

中国の将来に危惧の念を抱いたのは私だけではあるまい。若い人が多く居てこそ、村も町も国も活力が生じ発展するのだ。人口問題と教育問題は、中国の将来を決定づける深刻な課題とみた。

ひるがえって日本の現状を思う。荒れた家庭と学校。少子化で甘やかされる青少年たち。中国と五十歩百歩ではないか。日本もどうなってしまうのか。心が痛む。

玉蜀黍干す西安の土の壁

秦の始皇帝を永遠に守るために作られた兵や馬の埴輪が二、〇〇〇年以上も埋もれていた〝兵馬俑〟である。一九七四年に農夫が井戸を掘る作業中に発見したというからおどろく外ない。現在発掘された兵馬だけでも六、〇〇〇体というから気の長い話である。七〇万人もの労働者を動員して作らせたという。故宮も、また日本の大阪城なども、時の権力者の犠牲になるのはいつの時代も一般民衆である。彼等の一生はなんであったのか。自分の幸せを持ち得たのであろうか。文化遺産の陰で泣いた、何万何一〇万の人々の悲しみを思わずには居られない。

人寄りて稲刈りゐたる蘇州かな

戦争中に一〇代を過ごした私である。あの頃李香蘭が出演して大ヒットした映画「蘇州の夜」がなつかしい。この旅で蘇州は私の最も見たかった街である。

寒山寺の除夜の鐘に出かける日本人観光客は三、〇〇〇人、中国人一、〇〇〇人。そこを狙って大集合のすりの数三、〇〇〇人、警官五〇〇人とは蘇州のガイド呉さんの話であった。

除夜の捕物劇はいかばかりであろうか。

両面刺しゅうの見事さに感心して何枚も土産に買いこんだ。繭から糸にする工程は、私の子ども時代の田舎の方法とほとんど同じだった。

上海の街角で〝孫の手〟を売る少年が居た。五本で日本円一〇〇円という。私がポケットから一〇〇円硬貨を三、四枚出して払おうとしたら、いきなり「二〇〇円」に値上りしてしまった。このじいさんカモと見られたのだ。でもスポーツ紙を日本で買っても一三〇円である。私は、作者の技術力に敬意を表しいさぎよく二〇〇円を支払った。

レストランの前でバラの花を売る幼い少女は、お金をもらったあと日本語で「まいど、どうも」と言い頭を下げた。赤い髪飾りのあどけない子だった。

他にも西安の大雁塔、楊貴妃の温泉、始皇帝陵、留園、上海雑技団の曲芸、珍しい料理など——思い出すと楽しい旅であった。お世話になった同行の方々に感謝しつつ——。

深秋の寒山寺の鐘撞きにけり

（「麗」一九九九年冬号）

自句自解二〇〇二

俳句は説明ではありませんよ――と私におっしゃったのは、随筆の師と仰ぐ渋沢秀雄先生である。先生は「渋亭」の俳号を持ち、久保田万太郎・安住敦・成瀬桜桃子氏たちと、俳詩「春燈」で洒脱な作品を発表されてきた方である。

私は三〇代の頃から、随筆めいた文章を書くのが自分の性格に合っている、と思っていた。行間で語り、余韻を残そうとする傾向が俳句の〝連想〟に委《まか》せる精神と相通ずるものがあるのではないか。それ故に俳句には特別の想いを寄せていた。

縁あって、中村汀女先生とお会いした時、随筆「渋谷の雨」をお見せしたことがある。汀女先生は青二才の私を励まそうとされたのか「この題名は俳句的でいいですね」とおっしゃった。

田園調布の渋沢秀雄先生のお宅に伺った時、今思えば単に「五七五」を並べただけの俳句まがいをお見せした。「俳句は説明ではありませんよ」とおだやかな口調で言われたのが印象に残っている。そのあとご自身の、「翳《かげ》る山照る山ありて秋近し」の句を、久保田万太郎先生が「翳る山照る山秋の近きかな」と手直しされたという話をしてくださった。「ありて」が説明であるのかどうか、高度の俳人の世界の話で、私には今もってわからない。

俳詩「黄鐘《おおじき》」主宰の加藤三七子先生の末弟に加えていただいて、かれこれ二〇年。怠け者でセンスの乏しい私はほとんど上達しない。それでも、俳句に興味を持ったということで、季節の移り変わりに目が向き、日常の生活に新鮮な感動を覚えることが多くなった。ありがたいことである。

〝麗〟のことしの夏号で「四月にして夏」と題する随筆を書いた。去年の五月からふるさと山梨に小さな家を借り、たまに上京する理由や東京の劇場で観たミュージカルの感想などをのべた作品である。

山梨で暮す中で、その折々の感想を俳句に託して書きとめている。句帳を開くと一句ごとに情景がよみがえる。冒頭でのべた通り「俳句は説明ではない」式に言えば蛇足じみている。それは承知の上で、二〇〇二年の私を断片的にふり返ってみたい。

いちはやく甲斐駒染めし初茜

南向きで、富士山の見えるマンションの二階が私の〝小さな城〟である。JR塩崎駅のホームの人に声をかければ届くほどの近さでまことに便利がよい。玄関のドアを開けて西を見れば、甲斐駒ヶ岳や鳳凰三山がそびえている。朝の早い私は、まだ平地の暗いうちに屋外に出ることがある。そんな時に甲斐駒の頂上はすでに朝日の光に輝いて見える。感動的だ。甲斐の夜明けは甲斐駒に始まることを実感として受けとめる。

やがて甲斐駒全体が日の光を浴びて目を覚ます。光はやがて南アルプス前衛の山に及び、次第に村の畑や家々に朝がくる。農家のにわとりが時を告げたりする。

この句を私は今年の年賀状に用いた。

年の豆外科病棟にまろびゐし

去年の夏頃から右腹の下部にふくらみがあり、痛くはないが気になっていた。ふだん通院している外科医に見せたところ「典型的なヘルニア」と診断された。手術の他に治す手だてはないとのことだった。

クスリに弱い体質の私は、痛いのはがまんするとしても、麻酔が恐かった。

一二年前に世話になった世田谷通りの関東中央病院をたずねた。砧の自宅から近いし、優秀な病院と聞かされていた。幸いなことにお世話になった名医の山下宏治先生が、外科部長として残っておられた。私は安心して山下先生にすべてをお願いすることにした。

節分の少し前であった。臆病な私が、薬アレルギーを騒ぎたてるものだから、麻酔科の先生も慎重に事を運んでくださった。

簡単な手術とは言え、無智な患者にとっては大ごとである。合成樹脂か何かを埋めこんでほころびを縫う手術である。再発はほとんど一〇〇パーセント起こらないという最新の方法との説明があった。

昔と違って外科の手術は退院が早い。まだ痛くて寝返りをうつのも大儀なのに、四日目にはもう退院してもいいと言う。おっかなびっくり退院して、あとは通院で抜糸をしてもらった。

病室担当の横川ドクターにお世話になった。長身でカッコよい青年医師である。兵庫県出身とわかったので「灘高ですか」と聞いたら「そうです」と答えてくれた。灘高→東大のコースが頭に浮かんだ。退院後、山下先生に伺ってみたら、やはり東大出身のエリート医師であった。

バスの客われ一人なり山笑ふ

田舎のバスはおんぼろバスで――という歌があった。ところが今どきのバスはどこの田舎に行っても、きれいなバスが走っている。

山梨に住んで、たいてい自分の車で用を足すので、一年のうち、バスに乗る機会はゼロか、あっても一度位である。

ある時、ここ塩崎駅前から乗ってみた。いつも空いているな、と外から眺めて感じていた。バス会社はどうやって採算を得るのか、他人ごとなのに気にしていた。

この日の乗客は私一人であった。ガラガラの客席に、恐縮し小さくなって乗っていた。目的地で、運転手に「ありがとう」と言って降りた。

もう三〇年ほど前になるが、渋谷駅から成城学園前行きバスに乗った時も一人であった。二四六道路を三軒茶屋まで他に誰一人乗客は居ない。都心でこんな珍しいこともあるのか、と記念すべき乗客であった。夕焼けが車窓を染めている日だった。

山国の春はそこまで近寄ってきた。

大いなる耳の地蔵や卮詣

甲府市にある湯村温泉郷。そこの奥まった場所に〝塩沢寺〟という名の寺がある。昔から厄除地蔵の寺として全国的に有名である。

この寺のお地蔵さんは、年に一度だけ耳の蓋をあけて善男善女の願いを聞いてくれる。二月一三日の昼過ぎてから一四日のお昼までが有効時間である。一年に一度きりというのがミソなのだ。

全国から何万という人が集る。湯村の入り口から寺までの道路の両側は、ぎっしりと露天が立ち並ぶ。縁起かざり、だるまさん、かや飴、いかの丸焼き、たこ焼き、切り山椒、射的場等々——。

戦後間もなくの頃、年に一度のお祭りでなく月毎の一三日にお祭りを催したことがある。その結果、参詣客はぱったり減って思惑が外れたらしい。やはり一年に一度というところが人心の機微をうまく摑んでいる。

サーファーの沖をみつめてゐたりけり

昔の江の島は修学旅行の客でにぎわっていた。私も、甲府から生徒を連れて数回でかけた。江の島・鎌倉がセットになっていた。

今の江の島は、修学旅行の面では、すっかりさびれた感がある。旅行の型態が変わったのだ。東京ではディズニーランドの人気が高いのかな。奈良や京都を歩くと、数人の班を成した中学生たちによく出会う。班毎に計画を立て、その計画にそって自主的に行動しているわけだ。班長の少年は、資料を見い見い忙しそうである。

私は江の島が今でも好きだ。小田急のロマンスカーに乗ると、成城学園前から四、五〇分で片瀬江の島駅についてしまう。江の島で、何をどうしようとする決まったプランもない。ただぶらぶらし、さざえと焼きはまぐりを食べて帰る。島には野良猫が多く住みついているのにおどろいた。

或る日、江の島はかなりはげしい雨が降り海岸に人はまばらである。ボートは浜に引き上げられて、夏なのに閑散としていた。

ウインドサーフィンの服装をととのえた一人の青年が、じっと動かず、遠い沖を見つめて立っていた。いつまでも姿勢を崩さなかった。

この句が生まれた。題をつけるとしたら何としよう。「海」「青春」「未来」。こんな題が私の頭を去来した。

葡萄棚見ゆる盆地に忌を修す

母に二年遅れて父が他界したのは昭和六一年の一〇月であった。したがって今年が父の一七回忌に当たる。郷里の韮崎に、子どもと孫に集ってもらい法事を済ますことができた。韮崎の船山という小高い丘に横山家の墓がある。私の知る人では、祖父と祖母、それに父と母が眠っている。墓参りを趣味とまで言っている私のことだから、月に二回か三回は墓に行って新しい花を供え、線香を立てる。

一周忌、三回忌、七回忌、一三回忌、一七回忌。父と母だからこの二倍の法事をやってきたことになる。一七回忌を施主として終えた今、自分の義務が一段落ついたような、ほっとした気分に浸っている。

一一月にはいって急速に冬が攻めあげてきた。これから来年の春まで、きびしい八ヶ岳おろしに身をさらされることになる。

（「麗」二〇〇二年冬号）

奈良にあり

五年ぶりの奈良である。

この前は一九九八年一月一五日、大阪梅田のホテルで俳誌「黄鐘《おおじき》」の二十周年祝賀会があった。土砂降りの成人の日となった。会のあと主宰の加藤三七子先生がツアーを組んでくださり、数一〇人の同人一行とうち揃っての奈良入りであった。

若草山の「山焼き」を見るのが目的だった。それなのに雨は夜になっても止まず、ホテルの窓から無情の空を見上げてため息をついた。

関東は大雪とホテルのニュースが報じた。からっ風は有名だが、ふだんは雪のそう多くないふるさと山梨は、記録的な大雪となった。翌日の新聞で、私の母校である韮崎小学校の老朽講堂が、成人の日のお昼前に雪の重みで崩れ落ちたことを知った。子どものいない休日が不幸中の幸いであった。町の由緒ある講堂で、私個人としても数々の思い出を作ってくれた建物であった。なんともやるせない思いで奈良の旅を終えたのはつい昨日のようだ。

ことし二〇〇三年一月。早くから注目し、外野席から応援してきた宝塚生徒のコムさんこと朝海《あさみ》ひかるが、晴れて雪組トップスターに昇進。正月の大劇場がお披露目公演となった。

山焼きは一五日とばかり思っていた。それで観劇を一四日と決め、その夜のうちに奈良に行くことにし、二日間のホテル予約をすませておいた。

ところがである。山焼きは成人の日の前夜に変わったことを知らなかった。ことしの場合はだから、一二日に終わってしまっていた。このことを出発前の東京の自宅の新聞で見た。勇壮にして幽玄なカラーの写真が載っていた。よくよく山焼きには縁がないな——と苦笑いする自分である。

だがよくないことばかりが続くとは限らない。一月一四日の朝、羽田から伊丹へ飛ぶ機内から、満身をあらわにした雪の初富士を見ることができたからだ。ひときわ群を抜く富士のはるか後方に、ふるさと八ヶ岳の連峰を望むこともできた。飛行機が好きだからこのコースは二、三〇回は経験している。この日の富士は今まで見た中でトップクラスの景観ではなかったか。戦争中、本当かどうか知らぬが、米軍のB29爆撃機がサイパンから飛び立ち、富士を目標に北上する、との話を聞いたことがある。こんなにすばらしい富士なら十分目標として通用すると思った。B29といえば、あのブルンブルンという低い音が今も耳にこびりついている。一万二、〇〇〇メートルもの上空を銀色の編隊が過ぎていく。長く尾をひく飛行機雲が美しかった。「戦争でなければ芸術だ」一八さいの私は、いつもそんな風に思いながら、下界から敵機を見上げていた。

教師時代の私は、しばしば奈良に足を運んだ。旧制時代の女高師で今は奈良女子大学になった附属小学校が、近鉄線の学園前という場所にある。この学校は私の勤めていた東京の成城学園と、教育方針に共通点が多い。ひと口で言うと、単に数値だけで子供を評価せず、ひとりひとりをよく観察して個別に伸ばしてゆく姿勢である。この点に惹かれた。研究会があると全国のどの学校よりも繁く奈良を訪れるゆえんであった。

寺院や仏像に特別造詣が深い私ではない。だがせっかくの奈良だから、斑鳩《いかるが》の里や西の京のみならず、女人高野の室生寺や飛鳥、浄瑠璃寺などへも、何度となく足を伸ばした。田園風景の中に、さりげなく寺の塔が見えがくれするような奈良が好きなのだ。

一月一五日の朝九時。私はＪＲ奈良駅の前に立った。前日と変り風の冷たい日となった。

「奈良手をつなぐ親の会」の人たちが〝ストップ・ザ・ポイステ〟のごみ拾いをしていた。

屋根に五輪や水煙をいただく、古都にふさわしい駅舎である。やがては再開発のために別の場所に移るとか。保存運動が持ち上がり、このために五億円以上にのぼる金を県と市が負担するとのことである。

法隆寺と西の京を廻る定期観光バスの客となる。時期外れのために乗客は一六名。ベテランの女性ガイドがついて寒いけれど好運だった。

ふたたびB29について触れる。奈良は、京都や鎌倉といっしょで、国内でB29の空爆を受けなかった数少ない都市である。日本に留学したことのあるアメリカのオーナ博士という人が、軍に空襲をしないよう進言したという。アフガンの戦争で貴重な文化遺産の破壊に心を傷めたのはつい最近のことだ。

ガイドさんによると、今年の山焼きで一頭の鹿が逃げおくれて死んだ。長い山焼きの歴史の中で初めてのことだともつけ加えた。死んだのは年老いた鹿である。鹿の社会も人間のそれと同様に、犠牲になるのは弱者ということか。

法隆寺は修学旅行団が一組もなく、私たちの他には団体客も見当らない。まことにゆったりと二時間近くも見学することができた。

こんなに静かな法隆寺に居合わせたのは初めてである。子規の「柿食へば鐘が鳴るなり法隆寺」の有名句の石碑をゆっくり見ることができた。そう言えば、法隆寺の鐘をじかに聞けたのは初めてではなかったか。偶数時に鐘を鳴らすのだそうで、私たちが聞いた時刻は正午であった。

法隆寺など官立の寺は南大門がある。一般の寺と違って墓を持たず、葬式もない。エリート中のエリート学問所という使命を帯びて建立された。言われてみればその通りである。

飛行機好きの私は、寺の上空を西に飛ぶ定期便が気になる。時計を見ると、前日私の乗ったのと同時刻である。今までも、機内から法隆寺を見下ろしたことは何度となくあったが、この日は逆で、寺から空を見上げている。シャッターを切ってみた。あとで写真をみたところ、寒中の冴えわたった青空に四つの発動機を備えた飛行機があざやかに浮んでいた。

中宮寺と夢殿に進む頃から、風花が舞い始めた。コートの衿を立てて歩くのも、古都ならではの風情がある。

薬師寺は笑いの説教で有名である。先代の高田管主《かんす》さんが、小僧で入山した頃、先々代管主《かんす》の説教がつまらなくいつも居眠りしていた。これではならぬと笑いの説教を生み出したという話が面白かった。この寺の若い修行僧は解説上手の人が多い。かなり前、修学旅行の中学生を笑いに巻き込んでいるのを傍聴して、こちらも思わず吹き出したことを思い出した。

三重の塔、別名「凍てる音楽」の全景をカメラに収めるのに苦労する。戦争が深みにはまりつつある昭和一七年、私が県立旧制中学校四年生の秋に修学旅行で奈良にやってきた。皇軍の必勝祈願が旅行の目的であった。若草山・興福寺・薬師寺さらに神武天皇を祀る橿《かし》原《はら》神宮に参拝した。京都にはいることは許されなかった旅行である。春に五年生の旅行が行われ、秋に私たち四年生が実施できた。翌年から修学旅行は全面禁止となり、戦争一色の世の中へと変っていく。滑り込みセーフのきわどい修学旅行であった。少年の胸に、奈良こそ悠久、という思いが刻まれた。

天平の甍で名高い唐招提寺は、井上靖の小説や東山魁夷の襖《ふすま》画のせいもあってか、私の最も好きな寺である。あいにく一〇年もかけて金堂修理解体中で完成は平成二一年六月になるとのこと。完成までの年を数えてみる。あと六年も先の自分の予測はむずかしい。

バスの途々、焼いて間もない若草山が、他の山々より一足早く春の色を見せている。せっかく奈良に来たのだから、サッカーの強い奈良育英高校に寄ってみたい、と朝思いついた。高校サッカーファンの私が、かねがね注目してきたチームである。いきなり訪ねても失礼かと思い、これもとっさに思いついて、平素から敬愛している兵庫県滝川二高監督の黒田和生先生に、紹介していただきたい旨の電話を入れた。滝川二高はことし正月の選手権大会で堂々のベスト四入りをした名門である。電話の黒田先生は快く紹介の任を引き受けてくださった。

放課後の練習を見計らって近鉄奈良駅前からタクシーに乗る。ワンメーターの近さであった。コートをとればいっぱいというグランドで新生チームが練習に励んでいた。校庭から東大寺の大仏殿の屋根や、若草山の見える学校であった。寒い日だった。

コーチの出山先生が若くない来客のために、ドラムかんに火を焚くよう、見学の生徒に命じた。やがて赤々と炎が上がる。暖かさが身にしみるもてなしを受けた。

奈良育英高はサッカーはもちろん強い。だがそれ以上に人間を育てる優れた教育者として上間監督の名は通っている。先ずサッカーをやる前に「あいさつのできる人間」「飯をちゃんと食べる生徒」と言われた。二つめは意外な気もしたが至極当然の人間の基本である。黒田・上間両監督は、共にS級ライセンスの持ち主である。

日本代表GKの楢崎選手（名古屋グランパスエイト）を育てた学校である。「先日、楢崎は後輩を励ましに来てくれました」と上間先生の頬がゆるんだ。

今年の正月、私は一回戦から決勝戦まで連日高校サッカー選手権に足を運んだ。八一回も続いてきた高校サッカーは半端ではない。幾度となく感動の涙を流す場面に出くわした。もらい泣きできる涙が残っていたのか、と自分への新しい発見でもあった。

こんな思いの直後に試みた奈良ひとり旅である。山焼きを見られなかった代りに、ゆるやかな時の流れを感じることができた。

興福寺の一頭の鹿が、じっと私を見つめていた。その深く澄んだ瞳が、今も私の目に灼きついている。

（「麗」二〇〇三年春号）

砧今昔五〇年

「砧」を「キヌタ」と読めない人が多い。ふるさと山梨県韮崎市の名士から手紙をもらった時、世田谷区〝石占〟町と書いてあった。私の横書きの名刺を見て、砧のヘンとツクリを解体したわけである。

昔は、東京都北多摩郡砧村であった。現在の成城・砧界隈がこの中にはいる。

私は一九五三年（昭和28）に、小田急沿線にある成城学園の教師となった。約三年間、成城町に部屋を借り、昭和31年に今の場所に家を建てた。ちょうど五〇年間にわたって、砧地区にお世話になっている。

昭和30年に、小田急電鉄田園都市課（おそらく今の小田急不動産）が砧地区に五〇区画ほど土地を分譲した。できるなら砧に住みたいと思っていたので、すぐに飛びついた。各区画とも百坪未満で、一坪当りの価格は約八、〇〇〇円であった。今考えると信じられない安さであった。でも当時周辺の土地は四、五、〇〇〇円が相場で、小田急が土地の値段を上げた、というぼやきを聞いた。若輩の私にとっては少い金額ではなく、銀行でローンを組んだ。一〇数年かかって返済した。あの頃は畠が多く、世田谷区といえども田園風景の中にあった。よって私は、今でもしばしば砧村という。

砧を広辞苑で調べてみた。――キヌイタ（衣板）の略。槌《つち》で布を打ちやわらげ、つやを出すのに用いる木または石の台。またそれを打つこと。源氏物語の夕顔に「白砂の衣うつ砧の音もかすかに――」と説明があった。

砧に住みたいと思ったのは、こんな古風な情調に惹かれたためである。

小田急電鉄の成城学園前駅は、新宿から各駅停車で一三番目の駅である。二輌か三輌連結の電車で三〇分ほどかかった。同僚と新宿へ遊びに出かけるときは「東京へ行く」と言った。今は八輌か一〇輌の電車が走る。ラッシュ時は小田急ならぬノロ急、といらいらした乗客はぐちをこぼす。それでも、新宿から成城まで急行で一五分で着く。カラフルなロマンスカーが、箱根や、江ノ島へ客を運ぶ。

成城学園前駅から渋谷行きのバスが通るようになったのは、昭和29年頃ではなかったか。下北沢で井の頭線に乗りかえて行ったのが、直通で行けるようになり、人々は喜んだ。今の世田谷通りは「動く駐車場」の異名を持つ渋滞道路であるが、あの頃は車も少く、バスの出現は便利であった。

砧の私の家は、国立大蔵病院前バス停から北へ歩いて三分の所にある。病院は第二次大戦までは陸軍病院だった。一つ渋谷寄りのバス停がＮＨＫ技術研究所である。今も昔も、放送技術の最先端の研究がなされている。高さ一〇〇メートルを超す鉄塔が立ち、てっぺんに赤いランプが三個ついていた。老眼と乱視のいちじるしい私の目には、山下清描く打ち上げ花火のように何十にも見えた。それは、小田急電車の窓からも、東名道路からもよく見えて、我が家の位置を知る目安であった。

高い塔は避雷針がついていて、天地をゆるがす雷雨でも安全だった。家の中から、恐る恐る見物していると、絵にかいたような稲妻が鉄塔に吸いこまれるのがよく見えた。このあたりは文字通りＮＨＫ傘下と言えた。

一昨年だったか、名物の鉄塔がなくなっているのに気がついた。研究所に高層ビルが新築されて、鉄塔はこの屋上にちょっとだけ顔を現わしているだけになった。赤いランプが点いているのは今も変わらない。

昭和二〇年代から三〇年代中頃にかけて、日本映画は最盛期であった。

砧には東宝撮影所がある。他の松竹や大映や日活などの映画製作会社は、時代劇を京都で撮っていた。だが東宝は、現代物も時代物も砧で作っていた。

黒澤明監督の代表作「七人の侍」が生まれたのは昭和29年であった。黒澤さんのお子さんが成城学園の生徒であった関係で、砧撮影所内にある、言っては悪いが粗末な映写室で試写を観せてもらった。

七人の侍に扮したのは、今にして思えば、芸達者でなつかしい面々であった。志村喬・稲葉義男・宮口精二・千秋実・加藤大介・木村功、それに主演の三船敏郎。紅一点が若き津島恵子である。

音楽の早坂文雄が、七人の侍の登場毎にそれぞれの曲をつけたのも話題となった。荒くれ男の中で、ただひとり木村功が異色であった。モノクロ映画ではあったが、彼だけが白くハンサムに映った。戦いの合い間に、村娘の津島恵子と、納屋の中で炎と燃えるラブシーンを演じた。木村功の目が妖しくキラキラと光った。いい役者だと思った。

夜遅く東京から戻ると最終バスが出たあとのこともある。東宝撮影所のオープンセットの中を斜めに突っ切って砧の自宅に帰った。ゴジラか何かのセットのビルディングは、私の腰のあたりまでしかなく、怪獣の気分よろしく、月夜の道を闊歩した。

映画産業が斜陽となり、撮影所は往年の活気を失って久しい。広い敷地に、東宝日曜大工センターができた。棺桶の他は何でもありの品々を売っている。私もしばしば車を走らせて行って利用する。ここには各社の住宅展示場もある。春は桜の名所としても有名で、花見を兼ねた買物客で賑わう。最近になって敷地の一部に、高級イメージの食品スーパーも店を開いた。

世に有名な、東宝労働争議で分裂した新東宝撮影所は、自宅から歩いて二分の近さである。ここでもいい映画を作っていた。映画不振の波はどこも同じで、新東宝は国際放映を経て、今は東京メディアシティと呼ぶ。中には各テレビ会社のスタジオがある。テレビドラマを作ったり、お笑い番組のライブを行なっている。「ヘイ！ヘイ！ヘイ！」や「スマ・スマ」の番組もここで作る。したがって有名芸能人が多く出入りする。例えばジャニーズのアイドルが来る日には、いち早く情報をキャッチした追っかけギャルが、早朝から夜遅くまでたむろしている。かなり年配のご婦人方も珍しくない。この人たち、仕事はどうなっているのか余計の心配までしてしまう。地べたにルーズソックスの脚を投げ出し、コンビニ弁当をむしゃむしゃ食べる女生徒のしどけない姿態は、いわゆる、「視線平気症候群」という類である。こんな風景は日常茶飯事となり、あまり怒りも感じなくなった。

慣れるとは恐ろしいものだ。

　メディアシティの中に、外部からの客も歓迎のレストランがある。昼食時にたまに出かける。親しい俳優さんに逢えたりする。個人的に知らない芸能人を食事中に見かける。ある時、宮沢りえ母子と時を同じくした。りえさんの透きとおるような白い肌は伝説ではなかった。キムタクこと木村拓哉と隣り合わせの席で食事をしたこともある。こんな話をすると山梨の友人が連れて行って欲しいと言う。世の中皮肉なもので、客人を案内する時は、有名タレントと顔を合わせることはほとんどない。

　新東宝撮影所の土地の半分は、日大商学部のものとなった。昼食の時間帯には、多くの学生たちがぞろぞろと歩き、マクドナルドの店などは大賑わいとなる。

　長い間親しまれてきた大蔵病院が看板をおろした。そして「成育医療センター」に生まれ変わった。親の宿舎まで備えた国立の子ども病院である。高い建物が近所の家の電波障害を起こすらしく、我が家にも係りの人が来て、その対策を無料でほどこしてくれた。バス停「大蔵病院」の名称が消え、当然ながら新しく「成育医療センター」と名のるバス停が誕生した。

　東名用賀インターは東京の玄関口である。インターを出るとすぐ環状八号線に沿って砧公園がある。私の家からも歩いて一〇分ほどの近さだ。広い緑地帯で、以前は中村寅吉というゴルファーのホームグランドでもあった。この公園内には世田谷区立美術館があり、いい催しをする。砧公園は世田谷区民のみならず、東京都民のオアシスである。大地震の際の避難場所にもなっているが、いざという時、果してたどりつけるかどうか。途中でパニック状態におちいる予感がする。

小田急線はかれこれ一〇年ほど前から複々線化工事が進行中である。電車を止めずの工事だから日数がかかる。沿線の一部の住民が反対運動を叫んでいる。無理からぬ事情があるのだろうが、立体交差で踏切りがなくなって、その何百倍もの人たちが便利になった。恩恵を受けている人は黙っているので、新聞にも載らないのが通常である。

私は二年前から、ふるさと山梨に小さな家を借りて、砧の家と行ったり来たりの生活を続けている。久しぶりに砧にもどる毎に、大なり小なり町の様相が変わっていることにおどろく。

昨年成城学園前駅に降りたら、駅の陸橋がなくなっていた。ホームが地下にもぐったからである。小田急線が開通した一九二七年（昭和2）当初は、どうも線路をまたいで歩行していたらしい。だが陸橋が出来てから、つまりほとんどの時代、成城の街の北と南は陸橋を上り下りして結ばれてきた。その陸橋が或る日突然に姿を消し、北と南がフラットで通れるようになった。実に画期的な変りようである。

幾多の物が移り変わるのに、世田谷通りの慢性渋滞は一向に解消しそうにない。

（「麗」二〇〇三年夏号）

カーテンコール

ミュージカルのプリンス

井上芳雄が、舞台俳優として強烈デビューしたのは、ミュージカル「エリザベート」である。二〇〇〇年六月、帝国劇場だった。

一九七九年生まれの井上は、東京芸術大学声楽科に在学中で、この年二〇さい。一〇〇〇人のオーディションから選ばれ、シンデレラボーイともてはやされた。

一九世紀末のオーストリアを舞台に、皇妃エリザベートの生涯を描いたウィーン発のミュージカル。皇妃に恋した死に神トートは、彼女の人生を翻弄《ほんろう》し、暗殺者の手を通して自分のものにする、という妖しい闇が立ちこめている物語だ。一九九二年に初演以来、ウィーンで大ヒット、九八年四月までに約三〇万人を動員した。ドイツ語圏以外での初の上演が日本、九六年に宝塚雪組で、その後、星組、宙《そら》組でも上演、次いで男役のトート中心だった宝塚バージョンから、エリザベート中心の女優・男優が共演するオリジナル版に近づ

けて東宝が製作。（※この段落は〝ミュージカル作品ガイド一〇〇選〟成美堂出版より引用）

宝塚・東宝共に、演出は小池修一郎が手がけた。小池氏が東京芸大に講師で行った時、受講者の一人に井上芳雄が居た。

私は宝塚のエリザベートの舞台をすべて観た。中で人気絶頂を誇る宙《そら》組トップの姿月《しづき》あさと（トート）と娘トップの花總まり（エリザベート）コンビのものが出色だった。

雪組の時は、トップスターの一路真輝がトートを演じ、宝塚退団後は、「王様と私」のアンナ先生でミュージカル女優の地位を確かなものとした。彼女の二度目の大役が「エリザベート」のタイトル・ロール（題名役）である。

このミュージカルでは、皇太子ルドルフが大きなウエイトを占める、と私は見ている。ルドルフ役者の巧拙が、舞台の出来映えを左右するからである。

宝塚でルドルフを演じた和央ようかは、今宙《そら》組のトップスターとして人気が高いし、次期雪組トップが決定した朝海ひかるも、ルドルフ役を経験している。

劇団民芸がくり返し上演した「アンネの日記」のアンネ役が、女優出世コースの登竜門と言われた。宝塚のルドルフ役も、将来を約束されたスター生徒の通過の道と思われる。

慎重一八〇センチでスリムの井上は香気あふれる甘いマスクを持つ。きりりと写るポスターは、宝塚の男役を連想させる。初々しく、みずみずしく、りりしく、愛に飢えた皇太子を井上は見事に演じた。何と言っても現役音大生という若きテノールの歌唱力はさすがである。観客は安心して聴いていられる。それに幼い頃から身につけてきたダンスも仲々のもので、見せ場を作った。

ルドルフ役に井上芳雄を抜擢したことは、このミュージカル成功の大きな要素となった。ルドルフ役者が重要、と私が前述した通りである。

皇帝フランツ・ヨーゼフを演じた鈴木綜馬は、四季時代からの友人である。私は綜馬さんに井上芳雄を紹介してもらった。

私が楽屋を訪れた時、化粧を落としてくつろいでいた井上は、急いで服装をととのえ、礼儀正しく迎えてくれた。

「ぼくは小さい頃から鈴木さんのファンだったんですよ。鈴木さんにあこがれて、ミュージカル俳優を目ざしました」

はきはきした口調の好青年は、人なつこそうな目と、えくぼと、白い歯を見せた。育ちの良さがにじみ出ていた。この夜から私は、井上芳雄のファンとなった。

二〇〇一年一一月に、銀座のラ・ポーラで「ハロルドとモード」という芝居が朗読会という形で公開された。ハロルドに井上芳雄、モードには新珠三千代で話題が高まった。

この芝居を私は以前に文学座で観ている。この時の配役は一八さいのハロルドに今井耕二、八〇さいのモードに長岡輝子が扮した。

自殺願望の問題児が、天衣無縫の老女に恋して燃え上がるという、現実社会には先ず起こり得ないお伽話で、それだけに純粋な二人に感動した。ロマンあふれる、私の好きな芝居である。

もともとこの作品はアメリカの大学生の卒業論文であった。これが注目されてアメリカ映画「少年は虹を渡る」の題名で、一九七一年に公開された。

この芝居を井上と新珠が二人で朗読劇として再生させた。演出は小池修一郎である。二人の組合せは実に新鮮である。小さな会場でもあったし、私はご両人の息の合った朗読劇を三メートルほどの近くの席で楽しむことができた。

病み上がりの新珠をエスコートする井上が印象に残る。

小池氏の言葉を借りると「爽やかな聡明さと同時に品のよいユーモアを兼ね備えられたまさしく〝麗人〟という言葉がピッタリの女優であった。稽古中は全く年齢を感じさせず回を重ねる度に確実に若返り、役柄であるモードの少女性を見事に造形された」とある。この朗読劇が新珠三千代の最期の舞台となった。

再演の予告はすでに発表済みであったが、新珠の死で不可能となった。したがって、二〇〇一年六月に青山円形劇場での再演は、井上芳雄の一人芝居となった。言ってみれば新珠の追悼舞台である。長いせりふを孤軍奮闘、ひたむきに演じた井上の演技は観客の胸を打った。彼の成長を示す舞台となった。

二〇〇二年の二月、東京会館で井上芳雄トークショーが催された。軽食付きの和やかな会である。急遽予定を変更して公演回数を増やしたことからも、井上人気の上昇がうかがえる。話し相手の小藤田千栄子さんが巧かった。彼女のことはミュージカル誌などでしばしば劇評を読んでいる。木訥《ぼくとつ》な話ぶりながら井上の生い立ちや、エピソードを上手に引き出したのに感心した。予想以上に面白い会であった。スリムな体に春向きのジャケットがよく似合う井上であった。

ご両親が心理学者で中学生の時アメリカに住んだことや、妹さんが宝塚生徒であることを初めて知った。見かけによらず、音楽や仕事について抜け目なく物を言ってのける。度胸もあって、気持ちがタフであることを印象づけられた。抜け抜けと自己アピールしても、相手に悪い感情を起こさせず、納得させてしまう特技を井上はお持ちのようだ。

歌も数曲披露してくれた。井上芳雄に日本の歌曲——例えば「中国地方の子守唄」や「平城山」あるいは「城ヶ島の雨」なんかを聴かせて欲しいとひそかに願っている私だが、これはなかなか実現しない。

次に観た舞台は今年の三月、渋谷パルコ劇場での「バタフライはフリー」であった。相手役は高橋由美子。ニューヨークを舞台にした二二さいの青年ドンを演じた。今までの井上の役と異る青春コメディで、新しい面を見せた。

この秋はやはり小池氏の演出で、ミュージカル「モーツアルト!」の主役がひかえている。今や井上は小池氏の秘蔵っ子である。市村正親、山口祐一郎、高橋由美子、松たか子、久世星佳らの共演人も揃って、この秋話題の大作である。

七月二十二日の夜、草月ホールで「二〇〇二井上芳雄ファーストライブ」の初日が幕を上げた。待望のソロコンサートである。チケットバンビが最前列の席を取ってくれたことに感謝。スポーツエッセイストで、車椅子のサッカー解説者羽中田昌夫人のまゆみさんと並んでの鑑賞となった。

第一部は有名ミュージカルのナンバー曲が中心に構成されている。例によって井上の伸びのある澄んだテノールに聴きほれた。「アスペクツオブラブ」ではロンドンで観た時のプログラムを、四季で上演することになった石丸幹二さんに回してあげたことなどを思い出す。「ウエストサイド物語」は三〇年ほども前に観たロンドンのパレス劇場で、観客が総立ちになったら、進行を中断してアンコールに応えてくれた職人気質に感動したものだ。「キャッツ」はアメリカ版、イギリス版、四季版と何十回観たことであろうか。「ファンタスティックス」のナンバー〝トライ・トゥ・リメンバー〟はなつかしい。ニューヨークのオフブロードウエイまで、おっかなびっくり出かけて小さな劇場で観た。後に芸大卒の安崎求が演じたこのミュージカルを、渋谷のパルコでも観た。四季時代に芥川英司と名のっていた綜馬さんと客席で偶然お逢いしたのを思い出す。

来年の春に井上は「ファンタスティックス」の上演が決まっているという。彼ならうってつけの適役だ。大好きなこのミュージカルの上演が待ち遠しい。

ライブの一部のラストの曲「約束」は死んだ母への思慕をこめた曲である。ミュージカルの舞台で鍛えた井上の演技力が発揮され、聴衆の心にしみるひびきとなった。

二部では、イタリアオペラのアリアや、ミュージカル「モーツアルト!」の事前サービスとなる。軽妙なトークでいや味なく客を笑わせる術も、作為的でなく、彼の内部から自然に生まれるものであろう。とても楽しい二時間であった。まゆみ夫人も喜んでくれて、さっそく井上のファンとなってしまった。一〇月に発売されるという初のＣＤの申込み手続きを、私にかわって彼女が引き受けてくれた。

井上芳雄は超繁忙でいまだに芸大在学中の学生である。平凡でヤボな私などは、年数をかけてもいいから、何とか卒業させてあげたいとひそかに思っているのだが——。

尚、青少年のカウンセラーを仕事としてやってみたかった私は、井上芳雄のご両親にこの一文を捧げたい。

（「麗」二〇〇二年秋号）

二一世紀初芝居

三〇年このかた、自分のことばで数行のメッセージを綴り、一句を添えて年賀状を作ってきた。全部揃えたら、自分なりの生活史が見えそうである。だが、始末の悪い私の手許には、ここ三年間のものが残っているだけである。
次に示す賀状は、ことし、二一世紀のものである。

頌春
トシより若く見られて、まんざらでもない他愛なさ。私の二一世紀は、新装成った東京宝塚劇場こけら落としの観劇に始まります。
サッカーとミュージカルを観て、ドライブでふるさとの山河に遊ぶ——。これ以上を望むならバチが当たるというものでしょう。

カーテンコール

初夢のどの人もみな若きかな

右の年賀状。種を明かせば、二一世紀初めの大うそをつきかねない内容であった。なんとかして、こけら落としの初日のチケットを手に入れようと、夏頃から手を尽くしておいた。月組トップスター真琴つばさの東京さよなら公演と重なったため、聞きしに勝るプラチナチケットの様相を呈した。

賀状の文面はでき上り、印刷まで済ませた。チケットが手にはいらぬため、投函を一日延ばしにしていた。やがて、郵便局がPRする一二月二五日を迎えた。これ以上、遅れたら元旦にとどかない。迷ったあげく、見切り発車で、私は大量の賀状を投函してしまった。

幸いにして、大晦日の四日ほど前にチケットが手にはいった。すべり込みセーフで、私は一世一代の大うそをつかずに、新世紀の正月を迎えることができた。

初日の宝塚は「いますみれ花咲く」の口上で幕が上がった。花・月・雪・星・宙《そら》——五組のトップスターと娘トップ。各組の組長と副組長。それに月組の生徒たち全員が勢揃いである。

黒の紋付きと緑の袴。これだけの数の人が広い舞台を埋めると、なかなかの圧巻だ。

正月公演の月組組長の立《りつ》ともみの堂々とした挨拶で口上が始まる。続いて、各組トップスターの口上に移る。愛華みれ（花）轟悠（雪）稔幸（星）和央ようか（宙）の順である。だれもがよどみなく個性があり、見事な出来映えで聴かせた。清楚にして華やか、品性高く、創始者小林一三の「清く、正しく、美しく」のモットーを地でゆくセレモニーであった。

夢を売る宝塚劇場である。その殿堂にしては、座席が窮屈でゆとりがない。新設の劇場や映画館がゆったりと座り心地がよいのに比べて不満が残る。観劇した何人もの友人もこのことを指摘していた。

口上が出たついでにもう一つの口上。歌舞伎座、八十助改め、十代目坂東三津五郎の襲名公演である。

こちらは去年一一月に急逝した貞子叔母の娘（つまり私のいとこ）と観劇した。歌舞伎の好きな叔母は、襲名正月芝居を楽しみにしていたのに、実現は叶わなかった。いとこは、バッグに亡き母の写真をしのばせて客席の人となった。

夜の部の二つ目が口上である。中央に三津五郎。右へ羽佐衛門、幸四郎、勘九郎、田之助、団十郎、雀右衛門と並ぶ。そして左側の下手から中央に、芝翫、玉三郎、又五郎、秀調、彦三郎、左團次、菊五郎と居並ぶ。

上下《かみしも》の衣裳でこれだけの花形役者が一つ舞台に同時に登ることなど、めったにあるものではない。目出たい襲名ならではの光景である。「お願い申し上げ奉ります」の決まり文句で結ぶ口上であるが、役者によって、それぞれ特徴があって面白い。

私が特に感心したのは、勘九郎と菊五郎であった。襲名を前にして、私生活でマスコミを賑わした八十助である。観客のひとりひとりの胸に、いささかのわだかまりがある。この盲点をふたりの名優はさりげなく話題にした。観客を笑わせて、もやもやを吹っ飛ばしてしまったのだ。流石という他はない。

口上にユーモアもあり初芝居

次はミュージカル「レ・ミゼラブル」（帝国劇場）である。ヴィクトル・ユゴーの名作を、ロンドンでミュージカルとして初演したのは一九八五年である。日本では東宝が輸入し、一九八七年以降、帝劇で繰り返し上演してきたドル箱演目である。

この度の上演は「二一世紀の扉をひらく」のキャッチフレーズで、昨年一二月から今年の正月にかけて上演したものである。

ジャンバルジャンを演じるのは、鹿賀丈史と滝田栄に加え、前回から山口祐一郎が参加した。刑事ジャベールにはさきごろ四季を退団した鈴木綜馬が一枚加わる。鈴木は四季時代は芥川英司の名で四季の看板俳優であった。彼が大学を出て「ジーザス・クライスト・スーパースター」の、ペテロ役の頃から親しくさせてもらっている私だ。

チケットはマリウス役の石井さんにとってもらった。石井一孝は私の随筆「眼（まなこ）キラキラ」の主人公である。石井さんのお母上の隣りの席で観ることができた。

今更説明の余地もないほど有名なミュージカルである。チラシでは「世界五五〇〇万人の心の糧」と大見栄を切る。人間愛を謳った感動のドラマである。

鈴木綜馬は去年の「エリザベート」で皇帝を演じて第二の俳優人生のスタートを切った。今度はジャンバルジャンを追い回す前回とは正反対の役柄である。興味深く観たが、演技・歌唱力共にすばらしい出来映えであった。

いつでもみずみずしい石井一孝は、ゆとりが備わって堂々としていた。強欲な宿屋の主人のテナルディエの女房に、元宝塚トップスターの大浦みずきが扮した。ダンスの名手の大浦には役不足の感があったが、汚れ役をユーモラスに演じて笑いをさそった。

演歌にはおよそ縁遠い感のある瀟洒《しょうしゃ》な日生劇場で、都はるみのロングロングコンサートの公演があった。去年の一二月から今年の一月いっぱい二ヶ月連続の五〇回公演である。美空ひばりの没年と同じ五二さいになったという都はるみ。一二月公演の第一部は美空ひばりの持ち歌が中心であった。一月は一部二部ともはるみ自身の持ち歌で構成。三〇曲を情感たっぷりに歌い上げた。はるみ節のファンにとってはこたえられないほど幸せな二ヶ月間であったわけである。

「岸壁の母」で泣かせておいて、間髪を入れず「お祭りマンボ」のパッと明るい場面に転換する。ほんの一例だが、演出の巧さに目を見張る。

ポーズやちょっとしたしぐさで歌に立体感を作る。これぞプロというサービス精神に誰もが感動を覚える。

都はるみの歌で、私の最も好きなのは「大阪しぐれ」(吉岡治・作詞、市川昭介・作曲)である。二年ほど前に、サッカー青年に連れられてカラオケに行った。青年たちは、代りばんこに今向きの英語まじりの歌に興じて夢中である。一人が「先生も一つ歌ってください」と注文を出した。と言われても私に歌える曲なんてない。「大阪しぐれ」なら、と答えて、マイクを持った覚えがある。

二番の歌詞を書いてみる。「ひとつや　ふたつじゃないの古傷は　噂並木の　堂島　堂島すずめ　こんな　私で　いいならあげる　何もかも　抱いてください　ああ　大阪しぐれ」都はるみはおそらく、何百回、何千回と歌いこなして我がものにしているのだろう。むしろ、淡々と女の情念を謳い上げる。歌謡曲は三分間の人生ドラマだという。聴く者のひとりひとりが連想をふくらませる。この作用は俳句の場合と同じではあるまいか。ミュージカル「王様と私」の〝シャルウィダンス〟の場面と同様、「大阪しぐれ」を聴くために何度でも劇場に通っていい。

新しい曲の「散華」は、二〇世紀に別れた人たちへの鎮魂歌である。間奏に戦争中の「海ゆかば」が流れたのに驚いた。次の間奏にドボルザークの「新世界より」の第二楽章（家路）が奏でられた。私の年賀状の句の「初夢のどの人もみな若きかな」が、戦死して逝った兵たちのイメージと重なった。フィナーレの曲は「好きになった人」である。おなじみ、右腕をあらわにして突き上げ、舞台狭しと歌いまくる。客席も手拍子で舞台の熱演に応える。劇場が一体となって幸せのるつぼと化す。

スペインで、五年間のサッカーの指導者修業を終えて帰国した羽中田昌さん。車椅子のサッカーキャスターとして出発した。彼は「日本一のガッツポーズ」とはるみの熱演を讃えた。

（「麗」二〇〇一年春号）

ローマの休日

「ローマの休日」は、日本で最も人気の高い映画である。この映画がパラマウント社で製作されたのは、一九五三年で、翌五四年には、東宝直営の日比谷映画館で公開した。古都ローマが映画の舞台で、「オードリー・ヘップバーン」と「グレゴリー・ペック」がくりひろげるロマンチックコメディであった。大人のメルヘンに多くの日本人が共鳴した。奇想天外の物語に加え、結末のペーソスが日本人好みであった。本場のハリウッドの「世紀の名画百本」にはいっていないそうだが、日本では堂々トップの人気をかち得た作品である。

半世紀の歳月を経たことし「ミュージカルとして上演」と東宝が発表したのは去年の暮れかことしの春であった。映画でヘップバーンが演じた「アン王女」に、宝塚出身で今やミュージカル界の第一人者へと成長した大地真央。そしてペックの演じた新聞記者「ジョー・ブラッドレー」に山口祐一郎。山口は元劇団四季の看板俳優であった。かなり長い間ブランクがあったが、ことしの帝劇のミュージカル「レ・ミゼラブル」で再登場した。滝田栄と鹿賀丈史が交互に演じていた主役「ジャンバルジャン」役に加わり、人気は上々であった。

東宝は過去にも大作「風と共に去りぬ」を新帝国劇場のこけら落としで、世界初の舞台化を実現した。続いてこの作品のミュージカルを「スカーレット」と題して、長期公演を成功させた歴史を持つ。

ヨーロッパ最古の王室の一員である「アン王女」が、ヨーロッパ歴訪の旅でローマにやってくる。彼女は連日の公式レセプションなどでうんざりし、聖ペテロ祭りの夜、宮殿を抜け出してローマの街に出て行った。遊びたい盛りの普通の娘となってお忍びの脱出である。

王女アンは髪を短く変身し、街角でアメリカの新聞記者ジョーと運命的な出会いをする。精神安定のために主治医が注射した眠り薬が効いてアンはふらふら——。ジョーはやむなく自分のアパートへ連れて行って彼女を眠らせる。彼女がアン王女と知ったジョーは同僚のカメラマン「アーヴィング」に連絡する。最大級の特ダネというわけだ。編集長からダメ記者扱いをされているジョーにとって、成功すれば名誉挽回どころか、一躍花形記者に出世するチャンスである。

二人はアン王女を連れて市内観光にでかけて行く。「トレビの泉」「真実の口」「祈りの壁」など名所旧跡を訪れる。オートバイの暴走事件を起こしたり、船上の舞踏会を経験したり、王女を連れもどそうとする秘密諜報員と乱闘したり、次々と愉快な事件を巻きおこしてゆく。

あげくには諜報員をふり切って川に飛び込む王女アン。これを助けるジョー。濡れねずみとなって震えるアンを暖めようと、ジョーは身を寄せる。ふたりはごく自然に唇を重ねる。しかし、この恋が実るわけはなく、アン王女は宮殿に連れ戻される。そして、ふたたび退屈な公式行事の再開となる。先ずは手初めに「急病全快」の記者会見。

会場にはジョーもアーヴィングも出席している。やがて優雅この上もなきアン王女が姿を現わす。なにごとも無かったような記者会見が行なわれたあと、アンの希望によって、記者の一人一人にことばをかけていく。

ジョーは特ダネに使うのをやめた写真をプレゼントする。二人のみが知る秘密である。グレゴリー・ペックの眼がすべてを語るすばらしいシーンであった。恋は成就できなかったが、二人の間には人間としての信頼が残る。だからこそ「ローマの休日」なのだ。

ローマの名所旧跡を駆け回るこの物語は、まさに映画の特性にぴったりであった。これを、青山劇場という舞台でどのように表現するのか、むずかしい命題であり、スタッフの腕の見せ所でもあった。

大地真央と山口祐一郎のフレッシュコンビで、チケットは売出しと同時にほとんど売り切れの状態となった。

このミュージカルを観た知り合いの夫人は、すばらしいと感激しておられた。おそらく、若き日のことなどと思いを重ねて観られたのであろう。

私はといえば、期待したほどではなかった、というのが率直な感想である。

理由を三つほどあげてみる。

第一に山口祐一郎の印象。彼は劇団四季で「ジーザス・クライスト・スーパースター」のキリスト役や、「ウエストサイド物語」のトニー役で主役をつとめた俳優である。百八〇数センチはあろうかという長身と細身のプロポーション。歌唱力の巧さで四季の若手ナンバーワンの人気を保っていた。

ジャンバルジャンの時には感じなかったが、「ローマの休日」では顔つきがふっくらしているのに気づいた。年齢と共に誰しも変化するのは当然と言えば当然である。だが精悍さにかげりを感じ、〝おやっ〟と思った。一緒にみたいとこも同様の感想を持ち、やはりその娘も、山口の肉体的変化を見逃さなかった。気のせいかせりふももったりした感じで、むかしを知る山口ファンにとってはいただけなかった人が多かったのではあるまいか。映画と比べたら悪いが、グレゴリー・ペックのカッコよさとつい見比べてしまう。山口はまだまだ老けこむ年齢ではない。日々精進して若々しい肉体を取り戻し、次の舞台ではさっそうと登場してもらいたい。

第二は大地真央。彼女のミュージカルは、「マイ・フェア・レディ」のイライザ役。「サウンド・オブ・ミュージック」のマリア役。「アイリーン」の主役、「風と共に去りぬ」のスカーレット役などを私は観ている。

例えばイライザ役に例をとると、うす汚い花売娘が言語学者の実験台にされ、貴婦人に成長していくようなドラマでは、まことに打ってつけの役者である。ヘップバーンに勝るとも劣らぬ魅力のある輝きを放つ。

他のミュージカルでも、少しお転婆で茶目っけの多い役がよく似合った。今まで観てきた舞台から、彼女の本領は〝庶民性〟にあると思っていた。観客を笑わせ楽しませる演技は、余人のまねのできぬ大地の独壇場のようなものである。この巧さが彼女の演技に或るパターンを作ってしまったことも否めない。「この場面どこかで観た」と思わせることが時々あった。

アン王女の記者会見の終幕の大地はとても美しい。首が細く長く、顔も小さい。うっとりするような美しさを観せてくれる。ところが、アン王女は下町娘が出世して王女になったわけでなく、生まれながらにして王室の娘であることが、今までの多くの大地の役と異なっていた。だから、ローマの名所めぐりで大地が時折り見せるせりふやしぐさに、ついイライザやアイリーンを垣間見せてしまう。

ミュージカル・ナンバーについてつけ加える。「キャッツ」の〝メモリー〟、「王様と私」の〝シャルウィダンス〟、「サウンド・オブ・ミュージック」の〝ドレミの歌〟や「エビータ」の〝アルゼンチンよ泣かないで〟など、名曲を提供してくれる。「ローマの休日」でも、観終った帰り途に、ふっと口をついて出るような、親しみ易い曲を盛り込んで欲しかった。

第三の理由はローマの街々の舞台装置が軽っぽく感じられたことである。これも、もともと実在するローマの名所と比べるのは無理ではあろうが、どうしても観客は映画の印象を思い出してしまうのだ。

つまり、ミュージカル「ローマの休日」は、映画とのハンディキャップを背負いながらの舞台化であったように思う。

それにもかかわらず、若いスタッフの方々が、意欲を持って勇敢に大作にとり組んだ心意気に敬意を表したい。これから更に検討を加え、より完成度の高い舞台を創り上げることを希望する。

どちらを向いても沈滞ムードいっぱいの日本列島にあって、日本発のミュージカル「ローマの休日」が世界に羽ばたく日を待とう。

舞台を観た数日後に、私は手持ちのビデオで映画「ローマの休日」をゆっくり鑑賞した。ヘップバーンの気品あふれる美しさ。ペックの男性的魅力。白黒映画でありながら、秋の夜長を心ゆくまで楽しむことができた。

温め酒ロックの曲を口ずさむ

（「麗」一九九八年冬号）

しみじみといい映画

一時間半の映画が終わった。私はすがすがしい感動の余韻に浸っていた。神田神保町の岩波ホールの一〇階。このホールの第一二八回ロードショー「山の郵便配達」（中国映画）である。プログラムを開くと、何人かの専門家が惜しみなき賛辞を述べている。

プログラムの四ページに解説が載っている。その冒頭部分を少し長いが引用させていただくことにする。

一九八〇年初頭、中国湖南省の山岳地帯、長年郵便配達を務めてきた男は、後を継ぐことになった息子を連れて、初めて一緒に仕事に出る。重い郵便袋を背に、愛犬〝次男坊〟と共に峻険な山道をたどり、いくつもの村を訪ねる二泊三日の旅（一二〇キロメートル）。父は道筋はもちろん、集配の手順、手紙を運ぶ責任の重さと誇り、そして手紙にこめられた人々の想いを、静かに息子に教えていく。幼い頃から息子は、寡黙《かもく》で留守がちな父に対して、距離を感じていた。だが、村人の信頼を集める父の姿に接し、徐々に尊敬の念を深めていく。いつもそばで父を支え、彼をやさしく包んでくれた母の偉大さにもあらためて気づく。

「山の郵便配達」は父と息子、そして母の姿を通して、家族のあり方、人と人との信頼の絆を、悠久の大自然の中で詩情豊かに描いていく。かつては日本にもあった緑深い風景、山村の生活、婚礼の宴、美しい山の娘との出会い、そして、精神的にも大人になった息子を見送る父と母の姿は深い感動を呼び起こす。

右の引用部分で語り尽くす感はあるが、このあとは、シナリオを参考にしながら、自分のことばで名作映画の感想をのべてみる。

映画の原作は、ポン・ヂェンミンの同名小説である。他の数篇と合わせて集英社から刊行されている。いずれの作品も好短編であった。

主なる俳優は次の通り。父親（トン・ルゥジュン）、息子（リイウ・イエ）、母親（ジャオ・シイウリ）、五《ウ》婆さん（ゴオン・イエハン）、侗《トン》族の娘（チェン・ハオ）、ツォンワー少年（ヤン・ウェイウェイ）。

父親役の柔和な表情と目の演技がすばらしい。この人を得たことで、映画の成功はほぼ決まった、と言ってよかろう。息子役は父親よりはるか長身の二三さい。少年の面影を残す笑顔も憂い顔も、どちらも素敵だ。観ているうちに、鹿島アントラーズの中田浩二選手に似ているな、と思った。

母親役は知性を秘めた美人であった。侗《トン》族の娘は、屈託なく明るくふるまう。しっとりと落ち着いたこの映画の華やかな面を一手に引き受けた感がある。愛犬〝次男坊〟が人間顔負けのユーモラスな演技を見せて、観客の笑いを誘う。次男坊の愛称は、中国の一人っ子政策から生まれたのであろう。

初めての朝、息子について行かせようとするが、次男坊はためらって父親のもとに戻ってしまう。それで止むなく、息子の初日を父親が同行するわけである。

この映画で先ず言いたいのは、映像が実に美しいことである。引用した解説にもあった通り、悠久の大自然を詩情豊かに見せてくれる。「緑」が基調を成している。思うに青田の最も美しい頃に撮ったからであろう。時々夕暮れ時の茜空を見せてくれる。朝もやの木立の道を出かける場面も幽玄でさえある。

上から天秤棒をかついだ男と籠を背負った女が降りてくる。男と女は細い道の崖側をすいすいと降りていく。息子はとまどって右往左往。すれ違ったあと父親は「人とすれ違う時は右側に寄れ」と教える。息子は山側に片足をかけ、一度ならず二度までもポーズをとってみせる。ユーモアが笑いを呼ぶ。

最初に寄った村で、父と息子を見送る村人の一人一人の表情が実にいい。多年世話になった父親への感謝と、これからずっと手紙をとどけてくれる息子への期待と好奇心のまざった善良な顔、顔、顔。「父はなにも求めてはいなかった。だが村人の心を得た。彼らは決して父を忘れないだろう」息子が父親の偉さを感じる第一章であった。

村の道を下った一軒家に住む五婆《ウ》さん（ゴオン・イエハン）は、町に出たエリート孫から送られる現金と手紙を唯一の生きがいにしている。盲目で薄幸の老人である。とどいた便せんには何も書いてない。父親は歌舞伎の勧進帳のように読み上げてみせる。白紙の手紙は途中で息子に渡される。一言一句聞きもらすまいと耳をそばだてる五婆さん。顔の演技に年季がはいっている。息子は続ける。「ひとり暮しは大変だね。こちらの生活は快適です。よければ一緒に住みましょう。一度見に来てよ」。ここで父親が息子の肩をつつく。孫息子は祖母を引き取る気持ちなどさらさらないからだ。息子ははっと気づき

「身体に気をつけて下さい」としめくくる。「終わりかい？」とたずねる五婆さんの悲しげな表情に、現在の日本の老人問題を重ね見る思いがした。

つまらなそうな顔をして山道を行く息子ははるか下の道路を走る車に気がつく。「車で走れる道があるのにな」と息子。「不正確なバスより足の方が正確だ」と言う父。父は息子の肩で鳴るラジオが気に入らずスイッチを切る。ふたりは黙々と歩く。遠ざかる後姿をカメラが美しく追う。

川にでた。川を渡れば四キロは近道になる。だが、父が脚を悪くした原因は、この川の冷たさによるものだ。息子は郵便袋を頭にのせ、平衡を保つ。ずぼんをまくり上げて一歩一歩用心深く川を渡り切る。犬の次男坊が先導役をつとめる。息子は荷物を置いて父のもとに引き返してくる。

息子は自分より小さい父を背負って川を渡る。人混みの中を、赤い胸あてをした息子が、ヨーヨーを手に、父の背に乗っている回想がはいる。「父親を背負えれば一人前だ」と言われたことが息子の胸をよぎる。今、父と子の立場は逆転した。息子の幼い頃を思い出して父の目に涙がたまる。「郵便袋より軽いね」と息子は言う。

背負われて川を渡るとき、父親は息子の首筋に傷あとがあるのを見つけた。息子にたずねる。「一五さいの時だったんだ。鋤をかついで帰るとき、滑って切った」「母さんから聞かなかったな」「『だまってて』って言ったんだ。」

こんな、ちょっとした場面の中に、息子と父親との距離、そして二人の間に位置する母親の立場が巧みに表現されている。

次男坊が集めてきた枯木を燃やして暖をとる。「お前が生まれた頃は月に一度しか帰れなかった」と父は話す。長い間郵便配達をしていた間、手紙をもらったのは、お前の誕生を知らせる母さんの手紙一通だけだった。「嬉しくて有り金みんなはたいて酒を買い、みんなにふるまったよ」と父は述懐する。

川岸に回る三連水車が牧歌的である。焚火が燃えつきた。「父さん、行こう」「いま何と？」「父さん、行こうと」。父はこの時初めて息子から「父さん」と呼ばれたのだ。横を向いて、そっと涙を拭う父親。この映画で最高にいい場面であった。

祖父の言いつけで、崖の上からロープを投げおろして、郵便配達父子に手を貸す少年との出会いがさわやかだ。中学二年で退学したツオンワー少年は、通信教育で記者になることを夢見ている。はきはきした聡明な少年である。「今度会う時には、記者としてお兄ちゃんに取材するからね」少年の胸は希望に満ち、しっかりと自分の将来を見すえる瞳が輝く。
二泊目の宿をとる。宿といっても粗末な寝具が敷いてあるだけだ。この場面はシナリオを引用する。

息子　もう寝よう。明日も早起きだ。
父　私は一服して寝る。
息子　田圃は許《シェイ》さんに任せて、水にはいらないで。
キセルを取り出す父
息子　（父を見据え）ちゃんと返事を。
父　わかった。水にはいらない。
息子　母さんは咳をするが、医者に行かない、一度診せに連れてってよ。
父　（キセルに火をつけ）わかった。

監督はフォ・ヂェンチイである。脚本は夫人のス・ウさん。息が合っている。（翻訳・森川和代。字幕・清水馨）さりげなく泣かす場面も、思わず頰のゆるむユーモラスな場面も、そして美しい風景を映す場面も、この監督は並々ならぬ才能の持ち主だと思った。

息子はたちまち深い眠りに落ちてゆく。成長した我が子の寝顔に、慈愛深いまなざしを向ける父の表情が観客の心をうつ。くり返すようだが、父親役の「静」の演技が秀逸である。

人殺しもなく、目だった事件が起きるわけでもないこの映画。だが人間の生き方の根源をゆり起こさせる。私は三度も観て、その都度しみじみと心が洗われた。これからも、多分二度くらい足を運ぶだろう。

母が迎える我が家で、ぐっすり体を休めた息子は、郵便物をつめたリュックを背負い、菅笠をかぶって、いよいよ一人立ちの仕事に出かける。行こうとしない次男坊をきつく追いやる父親。父と母の見送る中、朝もやの道を次男坊と共に遠ざかっていく息子の姿。こんな映画が欲しかったのだ、と私の心が叫ぶ。なんとも言いようのない満ち足りた余韻を残して、静かに幕が下りた。

（「麗」二〇〇一年秋号）

ほのぼのといい映画

「ほんとだぜ、ちゃんと聞こえるんだから、四日と晦日《みそか》の晩には、毎月きまって、銭勘定をするんだから、まったくだぜ」

「おめえそれを聞いているのか」

「聞くめえと思ったたって、壁ひとえだから、聞こえてくるんだからしょうがねえ」

「毎月きまっているんだから、もう二年ごしってもの、欠かしたことがねえんだから」

右の会話は、山本周五郎の人情時代小説「かあちゃん」の冒頭を引用したものである。

時は天保末期、江戸の庶民の生活は、米の高値ときびしい税の徴収で、どん底にあえいでいた。とある貧乏長屋の角にある居酒屋の常連客が、同じ長屋に住む後家のおかつ（映画では岸恵子）一家の噂話を肴に酒を飲んでいた。片隅で一本の銚子を傾けながら、この話に聞き耳を立てる若者（映画では原田龍二）がいる。

昨年の秋号に私は、中国映画「山の郵便配達」を「しみじみといい映画」と紹介した。こちら「かあちゃん」は「ほのぼのといい映画」と言ってよかろう。

映画のプログラムを参照、また原作の小説の会話を時に引用しながら、「かあちゃん」の紹介を試みることとしたい。

原作者の山本周五郎については、今更私が説明する必要がないほど、時代小説で名を成した作家である。映画化されたものでも「椿三十郎」「ちいさこべ」「五辨の椿」「赤ひげ」他があって、多くの時代劇ファンを魅了した。私が最近観たものでは、「雨あがる」（寺尾聰・宮崎美子主演）が印象に残る作品であった。

周五郎の描く小説の世界の多くは、江戸の庶民に優しい愛情を注いでいる。作者のこの姿勢が読者の共感を呼び、絶対的な人気を得ているカギと言えよう。

映画「かあちゃん」の監督は巨匠の市川崑である。脚本は亡くなってすでに一八年余り経っている夫人の和田夏十《なつと》さん（竹山洋と連名）。お子さんが私の勤めていた成城学園初等科に在学していて、その関係で、夏十さんの美しいお姿を時折り校内で見かけたのもなつかしい。お住まいの成城町の番地をタイトルにした本も出版しておられた。

国際派女優として活躍してきた岸恵子が一〇年間の空白を経て、主役のおかつを演じた。

五人の子どもを育て、貧乏長屋で、明るく健気に生きる肝っ玉かあさんである。

日刊スポーツで主演女優賞を射止めた彼女の談話を、同紙から引用する。

――それこそメロドラマのヒロインから殺人鬼まで、いろいろな役を演じてきましたが、今回は自分のイメージにはない役でした。いったんお断りしたのですが、市川監督は「恵子ちゃんしか演じられない役だ」と言うんです。台本を読み直すと、さばさばとした性格のおかつにひかれた。今は出演して良かったと思っています――。

居酒屋でおかつの噂を聞いた勇吉は、その夜遅くおかつの家にしのび込んだ。五人の子供たちは二間っきりの隣りの部屋のせんべい布団にくるまって休み、おかつ一人が疲れた体にむち打って内職の針仕事をしている。時折り睡魔がおそって舟をこぐ。

勇吉は立ったまま「金を出せ」と迫った。いくつかのやりとりのあと、おかつは残り物のうどんの鍋を長火鉢にかけた。

「そんなもの食いたかあねえ、早く金を出せ」

「ひとこと聞くけど、まだ若いのにどうしてこんなことするんだい」

「食えねえからよ。仕事をしようったって仕事もねえ、親きょうだいも、親類も、頼りにするものもありゃあしねえ」

「なんていう世の中だろう。ほんとになんていう」

箱ごとよこせ、と言う勇吉を制して、おかつはこの大金のいわれを話して聞かせる。長男の大工仲間が、ふとしたことから他人の金に手をつけ、牢屋入りして三年。間もなくこの男が牢から出てくる。その時の商売の資金として一家六人力を合わせて金を貯めてきた。世間からケチと言われようが、うしろ指をさされようが、じっと耐えて金を貯めた。「これはそういうお金なんだ」とおかつ。勇吉は金を盗るのをあきらめて出て行こうとする。おかつは引き止める。

「今夜からうちに居ておくれ。うちは狭いし人数も多いけど、まだ一人ぐらい割り込めるし、飢え死にしないくらいの喰べ物はあるよ――。仕事だって三人の倅に探させれば、なにか見つからないものでもないからね。あたしが頼むよ」

おかつは嗚咽《おえつ》しながら勇吉に訴える。「おばさん」と勇吉は腕で顔を押さえながら、声を殺して泣き出した。

おかつは今まで行き来していなかった遠い親戚の息子として紹介し、同居の承諾を子どもたちから得る。こうして勇吉は家族同様にこの家に住むことになった。やがて、長男の口ききで普請場の雑役にありついた。

五人の子どもたちが善良に描かれ、それぞれの個性を発揮して快い。長男・市太（うじきつよし）、次男・次郎（飯泉征貴）、三男・三之助（山崎裕太）、四男・七之助（子役の紺野紘矢）、そして一人娘のおさん（勝野雅奈恵）である。

牢から出てくる市太の大工仲間の源さん（尾藤イサオ）を知る者は、市太とおかつの二人だけだ。家中の者が食う物まで減らし、長屋の住人のかげ口に耐えて、源さんのための資金作りに励む行為が、新入りの勇吉には解せない面がある。廃品の金物を集めている末っ子の七之助に聞いてみた。「だって、かあちゃんがしようって言ってるからね」当然と言わんばかりの七之助の答。五人が五人とも、かあちゃんの言うことには間違いない、と絶対の信頼を寄せているのだ。

晴れて牢から出てきた源さん。迎えた妻と赤ん坊三人の再出発に、宴を開く一家。鯖の尾頭つき、油揚げと菜の煮びたし、豆腐の汁《しる》に、ほうれん草の浸し。そして、ひと啜《すす》りずつの酒という豪華な献立てだ。二年以上もかけて貯めた金が源さんに渡された。感極まって涙にむせぶ夫妻。目頭を濡らす一家と勇吉。観客も思わず貰い泣きしてしまう名場面であった。

全編にわたって胸を打つせりふや、心に残る映像が多いけれど紹介しきれない。そこで以後は、二、三の場面にしぼって核心に触れてみたい。

行方不明のお尋ね者の嫌疑が勇吉にのしかかる。晴らすために、前に働いていたという飾り職の、いわば証明書が必要となる。しかし、そんな店は架空だし、まして勇吉が働いていた筈もない。

ここでかあちゃんが大芝居を演ずる。神社の境内で占いの店を張る男に頼み、足もとを見られて大枚二〇文を積んで証明書を入手して帰宅した。

おかつは上機嫌である。飾り職夫婦の品定めなどをぶち上げる。ところが、かあちゃんの大芝居は息子や娘にとうにばれている。さんざん自画自賛の話を聞かされたあと「かあちゃん二〇文は痛かったね」と、おかしさをこらえて息子は言ってのける。まるで落語の味そっくりで笑いころげる。貧しいながらも、かあちゃんを中心に家族全体が信頼し合って精いっぱい暮している姿がいきいきと描かれる。観客は表面笑いながら、やるせない涙で胸いっぱいになる。

一人娘のおさんは、兄弟から「ばあさん」なんて呼ばれているが、花も恥じらう一九さい。突然転がり込んだハンサムな若者に恋心を抱いても不思議はない。一家にこれ以上迷惑のかかるのを気にして、家を去ろうとした勇吉を必死で追いかけるおさん。

すすきの茂る河原の夕映えの中で、初めて愛を明かし合う場面の映像が美しい。細身で長身で、眼の演技のきらきらした原田龍二がとてもよい。役柄によく似合っている。おさんの勝野雅奈恵が、ひかえ目ながら芯の強い乙女心を見事に演じる。

仕事に出かける弁当の飯もおかずも、他の兄弟より多いことが勇吉の気がかりだ。或る朝引き返しておかつに「おれだけ弁当を客扱いしないでくれ」と頼む。おかつは娘の恋心のなせるしわざと解るが、とっさの機転で「ああ、悪かった。堪忍しておくれ。それは、勇さんがやせていて元気がないからって、おさんが心配してやっていることだよ」「よくわかった。おばさん済まねぇ。おらぁ——生みの親にもこんなにされたことはなかった」と勇吉。「なんだって?」おかつは眼をあげた。「生みの親がどうしたって? 勇さんそれだけは聞き捨てならないよ」「だっておばさん」「だってもくそもないよ。あたしは親の悪口をいう人間は嫌いだ」とおかつの涙の眼が勇吉を見すえる。「貧乏人だって親の気持ちに変りはありゃしない。できるなら——身の皮を剝《は》いでも子になにかしてやりたいのが親の情だよ。それができない親の辛い気持ちを、おまえさんいちどでも察してあげたことがあるかい」

「悪かった、おれが悪かったよ」

岸恵子はクライマックスのこの場面で、一世一代とも言える貫禄を見せてくれた。彼女の女優としての大きさを、あらためて知らされた思いがした。

家族の一人になりきった勇吉の心の底から「かあちゃん」という言葉がほとばしり出た。名前をあげられなかったが、脇役陣の好演が映画をひきしめた力は大きい。それに、出演者すべてのせりふがしっかりしていた。あいまいな発声では聴きにくくなった私の耳が、一言一句もらさずキャッチできたことを明記しておく。

（「麗」二〇〇二年春号）

四月にして夏

ことしの春は超特急でやってきた。桜は彼岸の頃に満開を迎えた地方が多い。入学式に似合うはずの花なのに、卒業生を送る花に変わってしまった。

例年なら四月一〇日前後に見頃となる桃の花も、三月末から咲き始める仕末。東京の友人をガイドする約束が大番狂わせとなった。武田の里にらさき市が計画していた新府城桃祭りであったが、この時期はあとの祭。あちこちのイベントは中止が続出していた。せっかく人を呼ぼうとした目論見ははずれ、骨折り損のくたびれ儲けであった。

〝春うらら〟の表現は的はずれ、四月のうちに三〇度に迫る夏日が続く。五月を飾るはずの花のつつじが家々の垣を深紅に染めた。れんぎょう・花みずき・雪やなぎ・アカシア・芝桜・あやめ等々——世は百花繚乱の四月であった。

いよいよ地球温暖化の波がやってきたのか。もっと深刻に、地球大異変の前兆、などと言う人も多い。

そうであるにしても、私などはいまさらどう抵抗する手だてもなく、流れに身を任すだけである。

ふるさと韮崎《にらさき》の隣りの町に小さな家を借りてから、五月で一年経った。中央線塩崎駅にほど近い場所である。初めは週に半分ぐらい滞在する予定であったが、からっ風の吹きまくる冬場を除いて、月のうち三分の二以上を塩崎の家に一人住むのが定着した。ふるさとの山河は佳きかな――が実感である。

一〇数年前になろうか。「韮崎へ行く」という随筆を或る雑誌に載せたことがある。ドライブでふるさと韮崎へ行き、墓参りをし、サッカーを観て、瓢亭でうまい日本蕎麦を食べる。そして温泉につかって心身をリフレッシュして、ふたたび喧騒の東京に戻る。こういう内容であった。

塩崎に一年間住んでみて「東京へ行く」というのが心の自然の変化となった。新宿や銀座を歩いてみて、東京はどうしてこんなに人間が多いのかとため息まじりに歩を留めることがある。そんな東京へなぜ行かねばならぬのか、私には理由がある。

自宅にとどいている郵便物の整理がその一つ。第一線の仕事を退いてから一四年目にはいったというのに、有難いことにいまもって相手にしてくださる方々がいる。郵便物に交って、見落せば延滞料が加わる有難くない書面もある。

小田急線祖師谷大蔵駅に近い幸野病院にお世話になっている。砧《きぬた》の自宅から歩いて一五分とかからない。四週間分の薬を頂ける。だから薬がなくなる頃にどうしても行かねばならない。

たまっている新聞に目を通し、必要なものは切り取って保管する。大事な記事は人によってまちまちなので、どうしても自分で処理することになる。私の場合は、演劇関連のコラムを最優先する。

郵便物・病院・新聞と三つのことに触れた。だがそれ以上に関心が深いのは、上演中の舞台を観ることである。二〇代早々から観劇を始めて今日まで、計算の上では一、五〇〇以上を観てきた。

映画は甲府でも観られる。最近の映画館はゆったりとして小奇麗で、前列の客の頭にスクリーンをさまたげられることもない。定員入れ替え制もあり、実に快適である。

「GO」「山の郵便配達」「かあちゃん」や「ほたる」などの話題作を甲府で観た。

ひとときのブームに乗って、地方自治体が建てたホールにも立派なものが多い。私の場合、甲府市にある県民文化ホールと、韮崎市文化ホールを時たま利用する。韮崎では、錦織健のリサイタルや、都はるみの歌謡ショウを観ることができた。とりわけ吉田兄弟の津軽三味線が印象に残る。

地方に居ても、いいものは観られるようになったことは喜ばしい。だが地方だと、選択肢の範囲が限られることも否めない。この点、東京は恵まれている。

新聞を整理していて〝観たい〟と思っても、小さい劇団の公演などは日数が少いので、すでに終わっていてがっかりすることがある。私の住む世田谷の、下北沢の小さい劇場では食指をそそられる演し物をしばしば上演する。実験劇場的な要素もある。

山梨に住む人で、名勝渓谷の「昇仙峡」へ行ったことがない人が多い。これと同じで世田谷に住みながら私などは小田急線下北沢に下車して芝居を観ることはめったにない。若い頃と異なり、この頃はどうしても娯楽性の多い商業演劇を観る機会の方が多くなる。

四月に東京へ行って次の三つの舞台を観てきた。

風と共に去りぬ（日生劇場）

原作はマーガレット・ミッチェルの有名小説である。映画では「レット・バトラー」にクラーク・ゲーブル、「スカーレット・オハラ」をヴィヴィアン・リーが演じた。日本でも人気の高い映画であった。

日生劇場では、雪組トップスターだった轟悠が専科入りしての第一作である。「風と共に去りぬ」は「ベルサイユのバラ」と並んで、宝塚の財産演目で、今までにも鳳蘭や麻美れい他のトップスターが幾度となく繰り返し上演してきた。

日生の雪組公演では、スカーレットを男役の朝海ひかるが演じることでも話題となった。劇団から娘役に転じるよう勧められた時、朝海は「私は男役で進みます」ときっぱり断ったという話を聞いたことがある。きりっとした類まれなる美貌の朝海ひかるは、スカーレットにぴったりの好演であった。ちなみに私は朝海ひかるのファンである。

帝劇で大地真央がスカーレットを演じた時、赤いジュータンの階段を転がり落ちる場面に二億円だかの保険をかけたという。そこは見せ場なのだが、今度の日生劇場では客席に正面を向けた階段でなく、横向きになった階段であまり迫力が出なかった。

一幕目の大詰めで南北戦争に敗れてふるさとのタラに戻ったスカーレットを迎える黒人メイドのマミー（星原美沙緒）。すでに亡き母親の墓前の場面がやはり良かった。「戦争に負けても私にはタラのこの赤い土がある」とスカーレットが手に土を掬い上げる時、私はいつも胸を打たれる。朝海が、悲しい胸中にめげず、力をふりしぼって立ち直ってゆくスカーレットの姿を見事に演じた。朝海ひかるは次期雪組のトップスターの呼び声が高い。応援してきた私は、彼女の今後に期待するところ大である。

チャリティーガール（帝国劇場）

住友ビザのコマーシャルでも有名な宝塚花組トップスター愛華みれの、退団後初のミュージカル座長公演である。

宝塚の男役トップスターが女優に変身する場合、発声や身のこなしがスムーズにゆかぬことが多い。愛華みれがどうなのか最も興味深い視点であった。少年っぽい役柄にも恵まれ彼女は異和感もなく成功した、と言ってよい。

作品もコメディ。かなりあちゃらか芝居めいた内容で、この点も好都合ではなかったか。共演の錦織一清、森公美子、初風諄、太川陽介、鈴木綜馬たちが面白おかしく演じて愛華みれを盛り上げた。劇団四季の頃から親しくつき合ってもらっている鈴木綜馬が、「ジーザス」や、「ウエストサイド物語」のトニー役、更に「エリザベート」の皇帝役など、今まで演じてきた生真面目な役と百八〇度違ったプレイボーイであった。彼の芸域を拡げた舞台となった。ミュージカルは楽しいものが良い。

コンタクト（四季秋劇場）

三部作からなるニューヨークを舞台にしたミュージカル。せりふはほとんどないスイングの曲に乗った烈しいダンスで構成される。

劇団四季のダンサーといえば、加藤敬二が押しも押されもせぬ存在である。「キャッツ」のマジシャン猫のミストフェリーズ役で強烈デビューを果した時から、私は加藤の大ファンとなった。今では四季の振付師の顔を併わせ持つスターである。

この加藤が踊れない役を演じるというのだから意表をついたミュージカルである。演出の浅利さんから「きみにしか出来ない役」と言われて決まったという。

加藤さんは「三〇さい過ぎると一日二回公演のダンスはしんどいです」と私に話してくれたことがある。いやいや、彼のダンスに酔いしれるファンは一向に衰えることはない。現役ダンサーとして、これからもファンを楽しませてもらいたい。

韮崎に戻って五月五日の「こどもの日」。三〇度を超す真夏日の中、高根町長沢にある

「八ヶ岳花の森公園」の鯉のぼりを見に行った。国道一四一号線の土手と向い合う机山を結ぶ百メートルにも及ぶワイヤーが五連。約五〇〇尾の鯉が泳ぐ壮観である。小宮山優生・坂本寛太・藤原隆之介・浅川明彦・望月大儀など、親の願いを込めた名前が鯉の腹に記されている。こどもは親の宝であるが、落ち込みきびしい国の宝でもある。日本の男《お》の子よ！　たくましく成長してくれ。

この村にこども少し鯉幟

（「麗」二〇〇二年夏号）

風の絨毯

イランの映画がいい。子供が主役の映画を三つ観た。どれもが秀作であった。手もとにあるプログラムを引用・参照しながら紹介してゆくことにする。

○　ぼくは歩いてゆく

九さいの少年ファルハード。麻薬中毒の両親が出生届を出さなかった。戸籍も身分証も持っていない。だから、学校にも行けず、働き口を見つけても断られるばかり、それでも働かなくてはならない。ファルハードは仕事を求めて街中を歩き回る。身分証を取るため、たった一人で役所へと向う。ちゃんとした仕事を手に入れることができる日を、そしていつか学校で勉強できる日を夢見て。（プログラムの解説ページより）

監督はアボルファブル・ジャリリさんである。過酷な状況下にある子供たちを〝ドキュドラマ〟と称するスタイルで描くことが、本国イランでは、作品のほとんどが上映禁止になっているらしい。しかし、九五年に「七本のキャンドル」がヴェネチア国際映画祭で、金のオゼッラ賞を受賞し、それをきっかけに世界の注目を浴びるようになる。

少年の境遇はまさに映画に描かれている通りです、とジャリリ監督は語る。常石史子さんが聞き手になって、監督のインタビューを試みている。その一部は次の通り。

――名前を聞かれて、ファルハードが「チャーリー」と答えますが、

監督　彼は実際にIDがないわけですから、いろんな名前で呼ばれていたのです。「チャーリー」もその一つです。映画を撮り終わってから戸籍を取ってあげますが、その時にたくさんの名前の中から、いちばん好きな名前を選びなさい、と言ったところ、彼が選んだのがファルハードでした――。

速足で雑然たる街の道を、歩いて、歩いて、又歩く。全編を通じてこんな印象の映画であった。

○　酔っぱらった馬の時間

昨年の一〇月、東京新聞の映画欄に、評論家の川本三郎氏が紹介コラムを書いている。この映画評をそっくり紹介した方がよいのかも知れないが、そうもゆかない。多くの引用をさせてもらいたい。

――イランの映画にはよく子供が出てくる。しかもその子供たちは、早くから厳しい現実にさらされ、大人と一緒になって働く。

イラクとの国境に近いイランの村。そこには少数民族のクルド人が住んでいる。彼等の仕事は密輸。日常品などをラバに積んでイラクに運ぶ。不法とわかっていてもそれ以外に生きる手だてはない。

冬になると村は雪に埋まる。雪の中をラバに荷物を積んでキャラバンが出発する。一二さいの少年が、大人に交じってこの密輸隊に加わる。父親が死んで少年が一家を支えなければならないから。冬は厳しい。ラバにウイスキーを飲ませ、酔いにまかせて山を登らせる。人馬一体の過酷な旅である。

行く手には国境が待っている。鉄条網がある。国境警備隊がいる。そのうえ、地雷が埋まっている――。

たらふく食べ、ぬくぬく暮している日本の子供たち、いや大人にとっても、想像を絶する世界の話である。

監督はパフマン・ゴバディ。私は渋谷にあるユーロスペースという映画館を探すのに苦労した。電話局で番号を教わり、映画館に問い合わせ、やっとのことで場所を探し当てた。こういう映画なら、多くの日本人に観せたいと思う。もっと一般に名の知れた映画館での上映は不可能なのであろうか。

○ 風の絨毯《じゅうたん》

日本のソニーとイランの合作映画。

プログラムの序章から引用する。

――少年ルーズベが頑張る程に笑えてしまう。少女さくらが笑うほどに泣けてしまう。本当に「男の子はつらいよ」と微笑まずにいられない名作が、また誕生しました。ペルシャの世界遺産イスファハンと飛騨高山。その伝統と風土の美をオールロケで撮影――。

私がこの映画を観たのは八月一五日。甲府で昼食をとったあと、偶然目にはいったのが、この映画のポスターである。日本人のかわいい少女と、中東と思われる少年の顔が目にはいり「少女の心の傷を救ったのは少年だった」というふうなキャッチフレーズだった。

この日が映画の最終日で、今はいればちょうど切り替えに間に合う。それでは観よう、とチケットを買った。

中東が舞台といえども、生ぐさい政治の話でもなければ、むろん戦争場面もない。ヒューマニズムあふれる心温まる作品であった。

交通事故で亡くした妻（工藤夕貴）のデザインした絨毯を買いに、夫（榎木孝明）が、一人娘のさくら（柳生美結）を連れて、イスファハンへ行く。当地でアクバル（レザ・キアニアン）と交渉するが、手ちがいがあったりして、高山の山車を出す祭に間に合いそうにない。

少年ルーズベ（ファルボー・アフマジュー）が、かわいいさくらのために一生懸命。織り子たちが動員される。交代で一日二四時間体制で絨毯を織る作業が続く。

イスファハンの河の流れや橋など、風景がゆったりしていて美しい。現地人のずるさと明かるさが笑いをさそう。この間に少年と少女の淡い恋が描かれる。日本語で気持ちを伝えたい少年の一途さにほろりとさせられる。珍しい絨毯の織り方を見せてもらった。少年とさくらが、二人の気持ちを一本の糸に托して織り込むヒミツの作業にほろりとなる。

紆余曲折があって、期限ぎりぎりに絨毯が織り上がる。ということは、父と娘が日本に帰らねばならぬ日がやってきた。だから、ルーズベ少年の心は山田洋次監督の描く「寅さん」なのである。

監督はカマル・タブリーズイー。アクバルの奥さん役の女優が、心優しくて美しい。

中東の人たちの、浅黒く彫りの深い目鼻立ちを私は好きだ。大人も子供も気品がある。昔カイロのエレベーターで、縞のネクタイを結んだ幼い紳士と乗り合わせた。坊やは二重にかけていたレイの一つをはずし、背伸びして私の首にかけてくれた。もしや戦火に、あの時の坊やが巻き込まれていないだろうか。

又、ナイアガラの滝壺観光のボートで一緒だった人なつこい家族。可愛かった兄妹の長い睫毛《まつげ》が映画の主人公と重なった。

（二〇〇三年九月）

氷川きよし　IN　甲府

氷川きよしが「箱根八里の半次郎」でデビューしたとき、テレビで初めて見た私は、思わず目を見張った。

細身ですらりと背が高く、あどけなく、人なつこそうな顔をしたお兄ちゃん。およそ演歌にはほど遠い感じのする青年が演歌を、それも股旅演歌を、いとも明るく歌いこなしていたのだから意表をついている。ミーハーの私は、それまではほとんど関心のなかったテレビ予告版に、ときどき目を通すようになった。

氷川きよしの人気は、うなぎ昇りとなった。中でも、おばさん、おばあさん方に絶大な人気のようだ。福岡県の出身で、高校時代に歌手をこころざす。老人施設で歌い、年寄りが涙を流して喜ぶさまを見た。自らも感動し、演歌志向を不動のものにした、と本人が語っている。

私が今までに好きな歌手といえば、日本語でシャンソンを歌った越路吹雪。年に一度、日生劇場で開く彼女のロングコンサートは、歌はもちろん、ゴージャスなふんいきが好きだった。若くして越路が亡くなったとき、当時彼女の住む向いのマンションに住んでおられたという加藤剛さんと、哀惜のことばを交したことを思い出す。ある婦人は、お悔やみの花まで贈ってくれた。それほどに、私は越路吹雪のファンであった。

加茂さくらの歌声にも聴きほれた。彼女の音質が私にぴったりであった。ドラマでは、意地悪な女性役が定着してしまった感があったが、宝塚で娘役トップとして鳴らした力量を、もっとミュージカルで活用してあげたかった。京王プラザホテルで毎年催したクリスマスディナーショーが楽しみであった。

演歌歌手では、ちあきなおみ、都はるみ、キム・ヨンジャが好きだ。要するに「巧い」歌手ばかりである。他にも巧い歌手はいるのに、とお叱りを受けるかも知れぬが、そうそう歌を聴く時間はない。歌謡界には疎いのである。カラオケにも、若い友人に連れられて二度しか行っていない。

氷川きよしは巧い。何より音程が確かである。音質がやや細く、高過ぎるかとも思うが声量も豊かで乱れることなく歌いこなす。視覚的にも快い。スリムな長身をメリハリを利かせて有効に使う。体全体の動きが、リズミカルで、若さと躍動感があふれる。誰にも憎まれそうにないマスクと、人なつこい目がとてもよい。いいことづくめをあげてみたが、彼には人気をかちとる、持って生まれた要因が備わっている。

高卒で上京し、作曲家の水森英夫氏に師事した。初めの一年間ほどは、発声練習に明け暮れしていたらしい。アルバイトで生活を支えた。こうして市井の人情にもふれた。彼の今があるのは、下積み時代の苦労がこやしとなって生きているに違いない。

一人っ子で育った。氷川の優しさは、可愛がられて育ったことと無縁ではあるまい。母親への思慕を折りにふれて口にし、又、歌にも反映する。

生活の苦しかった頃、食事をしばしばご馳走してくれる家族があった。その家のおばあちゃんが亡くなっていたことをテレビ出演の際に初めて知らされた。大きな目から見る見るうちに涙がこぼれた。氷川の心の素直さに視聴者は好感を抱いたであろう。

さて、氷川きよし甲府でのコンサート。昨年一一月にもあった。一度ライブを観たいと思っていた私は、チケットを求めて二時間を楽しませてもらった。

ことしの夏の初め頃だったか、甲府の楽器店で、氷川きよしコンサートのポスターを見つけた。その足で店にはいった。

「全部売り切れです。――が、たった今キャンセルした方があって、一枚だけあります」かなり後方のS席であった。でもぜいたくは言えず、さっそく手に入れた。コンサートは八月二九日。場所は県民文化大ホール。

八月の終わりになって夏がやってきた。暑い日で、会場は超満員のファンの熱気でふくれ上がった。

幕開きの歌は「箱根八里の半次郎」であった。自分では創れないが、私は歌詞にかなり関心がある。「歌謡曲は三分間のドラマ」と誰かが言った。半次郎の詞を書いた松井由利夫氏は、名詞を連ねて物語る技巧に優れている。例えば「湯の香しみじみ里ごころ」「宿場むすめと一本刀」「生まれ在所をしのび笠」のようにである。

「やだねったら、やだね」や、大井追っかけ音次郎の「やっぱりね　そうだろね　しんどいね　未練だね」は、振りをつけて、幼稚園児までがまねをするほど流行した。

松井氏の歌詞には対照的なものが多い。「渡る雁《かりがね》　東の空に　俺の草鞋《わらじ》は西を向く」。さらに「島田くずして　嫁菜を摘んだ　あの娘恨むは筋ちがい」などは、情景が浮かんでくる。連想を呼ぶ巧い詞である。連想は俳句にも通じるので勉強になる。

松井・水森の両師匠に恵まれたことは、氷川きよしの幸運であった。

二部に移ると、ふんいきがすっかり変わる。派手で軽快な衣裳でサンバまで披露する。氷川とは対照的な体格の西寄ひがしが、面白おかしく司会をする。ファンとの交流場面では、八五さいのおばあさんと、恋のせりふのやりとりを演じさせて、会場を洪笑の渦に巻きこむ。はるばる千葉から駆けつけたという追っかけ集団があったりして、氷川が何か言うと「かわいい」「かわいい」の嬌声が飛ぶ。

過激なファンの反応を受けとめ、あるいは軽く受け流す話述の技術も、いや味なく見事である。二時間たっぷりとファンを楽しませ、「大井追っかけ音次郎」で幕が下りた。

歌謡界に新風を吹きこんだ氷川きよし、二五さい。堂々たるエンターティナー。

（二〇〇三年九月）

マンマ・ミーア！

ミュージカルには題名に「！」のつくものをよく見かける。「オクラホマ！」「ハロー・ドーリー！」「オリバー！」。そして、「マンマ・ミーア！」もそうである。「マンマ・ミーア！」って一体どういう意味。人名？　地名？　そうでもなさそう。どうやら「あーれ、まあ！」という程度の意味らしい。

このミュージカルが、劇団四季創立五〇周年記念公演として登場した。汐留に新しく出来た電通のシオサイト内にある「海」と称する劇場である。ここのこけら落としである。

劇団四季では、すでに東京は浜松町に「春」と「秋」の専用劇場を持つ。大劇場の春では「ライオンキング」をロングラン中。小劇場の秋では「異国の丘」や「コンタクト」などを上演。名古屋、大阪、福岡、京都などにも専用劇場を持っている。

山梨に住む日が多くなって、東京の演劇情報に遅れをとる。気がついた時には、チケットが売り切れたりしていることも、しばしばある。

「マンマ・ミーア！」は、すでに昨年の暮から上演している。内容も知らないまま放っておいたら、親戚の娘がチケットを用意しておいてくれた。昨年のうちに手に入れたとのことである。娘の家族といっしょに観ることになった。四月五日、甲府は信玄公祭りの日と重なった。実はチケットを取るとき「四月五日は大丈夫ですね」と何度も念をおされて承諾したわけだ。今さら、せっかく用意してくれた切符を要らないとは言えない。祭りの方も気になったが上京した。この日は、篠つく雨となり、新橋駅からほど近い劇場なのに、横なぐりの雨でびしょびしょに濡れた。

「面白いから、だまされたと思って観なさい」とは、親戚の娘のことばであった。舞台は、ギリシャのエーゲ海に浮かぶ美しい小さな島でおきる話である。三〇年ほど前、まだ日本でエーゲ海ブームが起こる少し前に、私はエーゲ海クルーズに参加したことがある。青い海と空、白い家の印象がよみがえった。その前にミュージカル「日曜はダメよ！」(これにも「!」がついている)を日生劇場で観て、ピレウスの港を見たくなった。それでエーゲ海クルーズに申し込んだのであった。エーゲ海の明るさと陽気さが好きなのだ。

プログラムのストーリーのページから引用する。

――観光客や島民にも人気のある、小さくて居心地のいいホテル「サマー・ナイト・シティ・タヴェルナ」を女手ひとつで切り盛りするドナのひとり娘で、二〇さいになるソフィは、結婚が決まり、人生で最も輝く時を満喫しながら、同時に一抹の不安も抱えています。父親が誰かわからないのです。母親の昔の日記を盗み読みして、自分の出生の秘密を探ろうとしますが、決定的な証拠はつかめません。とうとう彼女は、結婚式に来てくれるようにと祈りを込めて、日記に出てくる〝父親の可能性がある男たち〟サム、ビル、ハリーの三人に、母親にも婚約者にも内緒で、招待状を出してしまいます――。

この先、どんなドラマが展開するのか、大いに興味が湧くと思う。陽気なシングルママに保坂知寿、娘ソフィに樋口麻美。四季のオールドファンにはなつかしい久野綾希子や前田美波里が、ドナの旧友で登場、おもしろおかしく舞台を盛り上げる。自分が父親と思いこんでいる男には、芝清道、野中万寿夫、八巻大がこの日の出演者だった。

婚約者には田邊真也。この人は「コーラスライン」で観たとき、加藤敬二の後を継げるダンサーと注目した。甲府で観た「ユタと不思議な仲間たち」でもユタを演じた。ニューヨークで修業してきたというダンスがひときわ光る人である。

「マンマ・ミーア!」に登場する全22曲は、そのすべてがAᗺBA(アバ)というスウェーデン出身の四人組のグループの持ち歌であり、ヒット曲である、と湯川れい子氏が書いている。

四季のミュージカルが、日本の各都市に手をひろげ過ぎ、結果として、主要な役者が使い回され、それでも数が足りない。やや質を落とし、マンネリ化しているのではないか、と最近思ってきた私である。

だが「マンマ・ミーア!」に限って言えば、四季は、ミュージカル本来の楽しさを観客にプレゼントしたと思う。満足そうに帰路につく観客がそれを物語っている。

（二〇〇三年九月）

レ・ミゼラブルの役者たち

恋人から父親に変身しました——こう語るのはミュージカル俳優の石井一孝。九年前に帝国劇場の「レ・ミゼラブル」で青年マリウスを好演した時からの友人である。今上演中の舞台では、薄幸の少女コゼットを育てるジャンバルジャン役で出演している。つまり「恋人から父親に」である。

原作はフランスの文豪ヴィクトル・ユゴーの同名小説。たった一片のパンを盗んで一九年間も投獄され、出所してからもジャベール警部に追われるストーリー。日本では「ああ無情」の題名でおなじみである。

この大河小説を、台詞がほとんどないオペラ仕立ての全32曲のナンバーに乗せ、約三時間のミュージカルに仕上げた。ロンドンでは現在もパレス劇場でロングランを続けている。ブロードウェイへの進出は一九八七年。こちらもインペリア劇場でロングラン中。日本をはじめ世界28か国、16か国語（二〇〇〇年現在）で上演され、全世界で約五五〇〇万人の観客を動員している。（※ミュージカルガイド・成美堂出版参照）。日本では八七年東宝製作によって帝国劇場で幕を開けた。今年の帝劇公演は、国内で20回目にあたるという。

一九世紀のフランス革命を背景にした群集劇である。人間愛あふれるこのミュージカルは、世界中を感動の渦に巻きこんだ。この大作のすべてを語るのは私の手に負えそうにないし限られた紙面では無理である。したがって、このエッセイでは、私の個人的に親しい役者を中心に、上演一六年間の変遷を、エピソードを交えてたぐってみたい。尚、文中に登場する役者名の敬称を省略させていただくこととする。

石井一孝は上智大学スペイン語科出身のエリートである。一八〇センチを超える長身でスレンダー、端正なマスクの持ち主。彼はすでに「ミス・サイゴン」で帝劇の舞台を踏んでいる。そして「レ・ミゼラブル」のオーディションでマリウスの大役を射とめた。

マリウスは革命志向の学生たちの中にあって、コゼットに恋をするという異色な人物として描かれている。純粋でひたむきにマリウスを演ずる姿がなかなか良かった。見終わったあと、帝劇の幹部の方と、石井マリウスについて、その良さを話し合い「もう一度観たいものです」と言い残して帰宅した。数日後に自宅に電話がはいった。「マリウスの石井一孝です。千秋楽のチケットが一枚ありますので、もしよろしかったらご覧ください」という内容だった。千秋楽という日のプラチナチケットを、見も知らぬ私のような者に回してくれるという誠実さに打たれた。

石井一孝は自らの作曲によるライブをしばしば開く。古い人間の私は、ミュージカル役者として伸びてもらいたい、と思うのだが、ご本人は作曲者・歌手としての自分を大事にしているようだ。

大地真央主演のミュージカルには、かならずといっていいほど相手役をつとめる。「アイリーン」や「カルメン」など。今年は「風と共に去りぬ」のアシュレー役を得て、ミュージカル俳優として確固たる地位を築いた。

私は「眼（まなこ）キラキラ」と題して彼のエッセイを書いた。題名のとおり、石井の知性と若さに輝く大きな両眼は、トレードマークなのだ。

私が観劇したのは七月二七日の昼の部だった。青年マリウスを卒業した石井は、苦悩を背負って老いてゆくジャン・バルジャンに違和感もなく溶けこんだ。娘のコゼットを育てるために、娼婦にまで身を沈めて死んでいったファンテーヌに「コゼットは私が育てる」と誓い、守銭奴で強つくばりの宿屋のテナルディエとその女房から、大枚をはたいてコゼットを取り戻す。それからは、コゼット一すじに愛し育てる慈愛深いバルジャンである。優しさが観客に伝わる好演技であった。

学生たちのバリケードに、疲れはてて眠るマリウスを見つける。最愛の、コゼットの恋人のマリウスを「彼を帰して」と神に祈るアリアが、しみじみと観客の胸をふるわせた。七・八・九月と三ヶ月のロングランである。主要な配役は、ダブル・トリプル・あるいはカルテットと複数の配役が組まれている。事前にすべて発表してあるので、ファンはこの役をあの役者で観たいという希望を選択できる。この点東宝の商法はファンに親切で良心的である。

七月二七日の昼を私が選んだ理由は、石井のバルジャンを筆頭に、高嶋政宏のジャベール。そしてコゼットの母親役のマルシア、宿屋の女房役の峰さを理を観たかったからだ。一昨年に話題のミュージカル「ジキルとハイド」（主演は鹿賀丈史）で初めてマルシアを観た。なんと歌の巧い人かとおどろいた。この人をミュージカル界が今まで放っておいたのが不思議でさえあった。今度のファンテーヌ役でも、彼女は十分に期待に応えてくれた。前回までのこの役に岩崎宏美が出演していた。彼女は成城学園の卒業生なので、時折り楽屋を訪れて励ましたことがある。

峰さを理は、宝塚星組のトップスター出身である。歌も巧いし演技力にも定評がある。こんどの悪役をどうこなすか興味があった。にくらしい役をちょっとかわいく演じた。

ジャベール役の高嶋政宏。私が校長時代に初等科五年生に編入した子である。体格も良いし学力もとび抜けて一番で試験に合格した。父親が忠夫氏で母親が元宝塚トップスターの寿美花代。弟の政伸もテレビなどで活躍する芸能一家として知られる。政宏は「王様と私」の王様役でミュージカル役者として定着した。だだっ子のような王様を演じて好評だった。そのあと「エリザベート」の狂言回し、実はエリザベートを狙うルキーニ役で演技の幅を拡げた。警部ジャベールは追っ手であるが、内面の葛藤に苦しむ複雑な役。声量も豊かで立派にこなした。同じ成城っ子の賢ちゃん（石黒賢）とは大学まで同期であった。私が楽屋を訪れた時「今日は父の誕生日です」と政宏は笑った。

初期に鹿賀丈史と共にジャンバルジャンとジャベールを交互に演じた滝田栄。この人は四季で「ジーザス・クライスト・スーパースター」でユダを演じていた頃からの友人である。甲府出身の二期会の平野忠彦さんのもとへ声楽のレッスンに来ておられた。平野夫人の民子さんを成城初等科の音楽講師にお願いしたこともあり、ある夜、平野邸でごいっしょしたことがある。夜も更けて帰る段取りとなり、私は喜多見から成城学園前駅まで、滝田栄を乗せてあげた。こんなことがきっかけで親しくなった。芸熱心な彼は四谷の自宅に槍を振り回せるほど大きい道場を作った。夫人のタエコさんは、ニューヨーク仕込のバレリーナである。二人の息子さんの進学問題で相談を受けたこともある。二人とも立派に成長なさったことだろう。

NHK大河ドラマの徳川家康役に決まった時、夜中の一時半頃電話がかかってきた。男っぽい役者の滝田栄は、不器用な面があるが純情である。車椅子になって、ますますサッカー監督への夢を追いかける羽中田昌さんとまゆみ夫人に対しても、よき理解者であり強力なサポーターである。韮崎高校の後輩の二人に結婚の立会人をしてあげた私としても、滝田氏への感謝の気持ちがいっぱいである。

帝劇初演の時、宿屋の女房に宝塚の大スターの鳳蘭の名前を発見したときにはおどろいた。彼女の華やかな経歴とは正反対の汚れ役だったからである。この時はダブルキャストであったが、鳳が出演した回は、舞台がぐっと引きしまった。「貫禄だな」と感心した。

終演後彼女の楽屋をたずねた。この時、子役で出演していた一一さいの山本耕史が遊びに来ていた。学生戦士たちにまじって、バリケードで闘い、勇敢な戦死をとげる役。大人を負かす演技力に観客は涙した。こうして舞台を離れてみると可愛い坊やであった。

その後何年かして、自宅近くにある東京メディアシティの前で偶然山本耕史とすれちがった。「おや?」と振り向くと彼の方も同時にふり向いて目が合った。たったそれだけのことであったが、もしかしたら鳳蘭の楽屋で会ったじいさんのことを覚えていてくれたのか聞いてみたい。

山本は「スタンド・バイ・ミー」や松たか子と共演の「オケピ」の舞台で実力をつけてきた。テレビでも「ひとつ屋根の下」などで人気を高めた。そしてことしはマリウス役の舞台を務めている。私の観た日のマリウスは岡田浩暉であった。もう一人のマリウス役は泉見洋平である。つい石井マリウスと比較してみてしまうが、岡田マリウスは舞台が進むにつれて、彼なりの良い面を見せていた。九月にもう一度観るつもりでいる。その時のマリウスは泉見洋平。学生のリーダー、アンジョラス役は、四季の「ライオンキング」で後継ぎシンバを演じた坂本健児である。そして宿屋の女房には宝塚トップスターだった瀬戸内美八《みや》。歌もダンスもめりはりの利いた実力者である。東宝が三代続いて星組のトップスターを意識して起用したかどうか知れぬが、意表をつく配役である。瀬戸内は「心中・恋の大和路」の亀屋忠兵衛が当り役である。私が観たのはすでに宝塚を退団したあと、峰さを理や若葉ひろみ(花組娘トップ)等と共演した。思わず吸い込まれるほどの充実した舞台を創り上げていた。
鳳蘭で観たい、とひそかに思っているミュージカルがある。一つは底抜けに明るい「ハロー・ドーリー」と、もう一つは、かつての名声の幻想に病む大女優の話「サンセット大通り」である。後者は鳳自身も望んでいるらしい。彼女の芸歴の、集大成を実現させるプロデューサーは現れないものだろうか。

（「麗」二〇〇三年秋号）

花野ゆく

～あとがきに代えて

ふるさと山梨県双葉町に小さな家を借りた。窓から富士や南アルプスの山々がよく見える。ＪＲ塩崎駅の目の前という便利さもあり、二年半も経ってしまった。

真多呂人形学院の季刊「麗」にエッセイを連載してからかれこれ一五年。途中体調を崩して自称冬眠の時期があったが、理事長の金林佑郎氏に励まされて、今も執筆が続く。さき頃退社なさった編集の篠崎重喜氏にもお世話になった。

「麗」を主体とし、「青淵」（編集長・河合良紀氏）や「山梨の園芸」他に載せた作品が一さつの本にはあり余る分量になってしまった。前著「人も風も」の出版から、はや五年が経っている。

もともと整理の不得手な私のことだ。これは大変と大成出版社の箕浦文夫氏に相談した。急な依頼にもかかわらず編集・出版を快く引き受けてくださった。箕浦氏には「花は葉に」「人も風も」そしてこのたびの「コスモスの風」と続けて三部作とも親身のお世話になってしまった。社長の松林久行氏と共に、心からお礼を申し上げる。

表紙の帯のことばを、今や世界の俊輔として知らぬ人はいない中村俊輔選手からいただくことができた。横山先生の本ならお力になりましょうということだった。俊輔選手に先ず感謝。事を運んでくださったご両親と、事務所の湯尾香さまのご好意をありがたく思う。

私の現在の生活は、大半がサッカーに占領されている。高校サッカーのファンとしてはもう二〇年以上も年季がはいっている。

本文でも述べたが、J2のヴァンフォーレ（VF）甲府にも相当に熱くなっている。大木武監督の後を受けてVF甲府監督に就任した松永英機氏を、海野社長が紹介してくださった。春浅き練習の日に私が御勅使《みだい》サッカー場へ見学に行ったとき、松永監督は選手全員の前で私を紹介し、なにかひとこと、と私を促した。少しあわてたが私はこう言った。

「サッカー大好きじいさんです。VF甲府の大ファンです。応援してます」と。

ホームの試合はもちろん、東京に近い会場なら時にはアウェーでも応援に行く。「出席率高いですね」と松永さんから誉められる。私なんか序の口で、文字通り献身しているボランティアや、熱心なサポーターには頭が下がる。

今シーズンも残り少なくなって、VF甲府は四位か五位をキープしている。上出来である。若い多くの選手と仲良くなった。山梨に住む日が多い私には、VF甲府は心の拠りどころとなっている。

高円宮杯（U—18・全日本ユース選手権大会）を、決勝戦まで五回も観戦した。柏の葉サッカー場、国立競技場、埼玉スタジアムであった。私は静岡学園を追っかけた。準決勝では優勝候補筆頭の広島ユースと対戦。両軍熱戦の末、1対0で静岡学園が勝った。静学は、U－18日本代表の小林祐三くん、同じく主将の松下幸平くん、二年生でエースナンバー10の狩野健太くんを始め、全員がテクニシャンでスピードあふれるチームだ。決勝戦はあいにく烈しい風雨となった。静岡学園の細かく華麗なサッカーには不利である。私は雨の降りかかるスタンドで応援した。カレン・ロバート選手の打った得点を守り、市立船橋高が優勝した。翌日の紙面から静学井田監督のコメントを紹介しておく。「1点取って1点取らせなかった市船は強い」又「烈しい雨の中でも、静学らしく細かいパスを繋げるサッカーを最後までやり通した」と――。

言い訳もせず、ぐち一つこぼさず、相手チームを賛え、自分の選手を労《ねぎら》った。井田さんの毅然たる態度に感銘を受けた。さすが大監督の器である。

「校長次第で強くなる」の見出しに、思わず笑ってしまった。「サッカーの町にらさき」を標榜する韮崎市議の四人の方が、長崎県の常勝国見高校を訪問した。総監督の小嶺忠敏校長と会見し、その記事が、ミニコミ「峡北タイムズ」に二回に亘って載ったのである。

私のように多少サッカーに頭を突っ込んでしまった者が「校長次第で強くなる」なんて言うと波紋が起きるかも知れない。が、「王様のはだか」を見破って正直に叫んだ子どもは純真なだけに説得力がある。これと同様で、四人の市議の発言も説得力が強い。

コスモスの波打つ風となりにけり
コスモスの裾ひいてをり八ヶ岳
コスモスの吹かるる中に無人駅
コスモスや甲斐駒深き襞を見せ
コスモスの風に乗りくる国訛

甲府で観た映画二編に触れてみたい。一つは山田洋次監督の「たそがれ清兵衛」（原作は藤沢周平）である。山田さんの初の時代劇ということもあり、前評判は高かった。私の著「四幕の島」の表紙の帯に、山田さんから言葉をいただいたこともある。映画は、真田広之（清兵衛）と宮沢りえ（朋江）が主役である。上意を受けての決闘シーンは、私が今まで見たこともない迫真そのもので、観客は息を呑んだ。宮沢りえが、つつましさの内に色香を見せて美しかった。映画は日本アカデミー賞など数々の賞をひとり占めした。この夏、私は帝劇へ行くために、地下鉄千代田線の日比谷駅で降りたとき、ホームでぱったり山田監督と顔を合わせた。おそらく成城のご自宅から同じ電車に乗ってこられたのであろう。改札口を出るまでご一緒していただきながら、決闘に出る前に、宮沢りえが清兵衛の身支度を整える最高シーンのことを申し上げた。

次は「阿弥陀堂だより」である。「雨あがる」を撮った小泉堯史監督で、寺尾聰と樋口可南子主演であった。長野県飯山市を中心として奥信濃の、春・夏・秋・冬の日本の原点といってよい風景を快く観せてくれた。

脇をかためる出演者もみなよかった。中でも阿弥陀堂に一人暮らすおうめ（96さい）を実年齢91さいの北林谷栄が演じ、すばらしい存在感を示した。昔成城学園で私は、ご子息の朝生くんを六年間担任した。北林さんは若い時から老け役の光る女優だった。去年だったか「泰山木の木の下で」（小山祐士作）を三越劇場へ観に行った。この芝居、被爆者で助産婦で、止むに止まれぬ堕胎をおこなう主人公神部ハナは、北林さんの若い頃からの持ち役であった。楽屋入りする北林さんと偶然出合った。若い女性が歩行のサポート役についていた。「こんど一度、朝生といっしょに食事でもしましょう」と、彼女は声をかけてくださった。あの体で主役の舞台は大丈夫かな、と私は気になった。ところが彼女はシャンとして舞台を務め上げた。ほとばしる役者根性を見る思いだった。

先日東京の新聞で、俳優座六〇周年の記念公演でアントン・チェーホフの「ワーニャ伯父さん」と「三人姉妹」上演の記事を読んだ。チェーホフは私の好きな芝居だ。前者はすでに期日が過ぎていた。電話をかけて「三人姉妹」だけ切符を予約できた。昔、文学座で杉村春子が姉に扮した芝居を観たことがある。幕切れの場面がよかった。今度は俳優座の若い役者たちがどのように演じるのだろうか。少しばかり胸のはずむ思いである。

八月であった。ジェフ市原の江尻篤彦コーチからお誘いがあった。レアルマドリード対FC東京の試合を一緒に観ませんか、というのである。レアルマドリードには、ベッカム、ジダン、ロナウドとスター選手が揃っている。峰子夫人やお子さんたちと、雷雨にさらされながら観戦した。FC東京は善戦し、加地選手も出場して面白かった。翌日は横浜で、俊輔選手の里帰りゲーム、横浜Fマリノス対セリエAのレッジーナの試合を観戦した。桐光学園の加藤光生がチケットを用意してくださったのだ。二夜連続でビッグゲームを観られるなんて――。前夜と打って変わり、月の光が球場を包んでいた。

韮崎の新聞販売店マルハクのPR誌を「OH」という。毎月一回発行する。これまでスポーツエッセイストでサッカー解説者の羽中田昌さんが一人で「サッカーノート」と題するエッセイを連載していた。今年の四月から隔月に私が手伝うことになった。私はテーマを「にらさき少し昔」とした。年配の読者が多いからと伺った。私としてはこれに加え、若い人や子供に読んでもらいたい気持ちがあって引き受けた。言ってみれば語り部の心境である。

編集担当で「リーブ企画」の田中正志さんはソフトだが頭が切れていい人だ。羽中田昌さんと一緒の仕事で楽しさも倍加する。

ふるさとに住んで、ほとんど外食である。ルートイン韮崎、加賀、だるま、由樹、サイトウ、八嶋、小作、かじかなど、どの店もよくしてくれる。二八年間韮崎の本通りで営業してきた日本蕎麦の〝瓢亭〟が、移転して中央道韮崎インターの近くに新しい店を構える。一二月開業である。

甲府のレストラン「パレット」は、羽中田さんの兄上が経営する店である。私にとって憩いの場所だ。マスターの仁さんはなかなかのサッカー評論家で勉強になる。アシスタントの綱倉さんも、気ままな私に話を合わせてくれてありがたい。

仁さんには三人目の子どもが生まれた。二男である。私がダッコしても笑顔を見せてくれる。

おめでたいと言えば、東京の〝勘八〟というすし屋の板前で、かれこれ一〇年世話になってきた大内さん夫妻にも待望の第一子誕生。女の子である。一〇日めの写真が送られてきた。「父親似と言われますがどうでしょう」と添え書きがあった。どちらに似ても、美人に育つこと受け合いだ。

未来のいっぱいつまった写真である。

「人も風も」を出したときは、正直なところ、次の随筆集を出せるとは思っていなかった。だから「コスモスの風」を出すことができて大変嬉しく思っている。公の仕事から離れて一五年。気ままで、時に気むずかしくなっていく自分がよく判るだけに、こんな私を支えてくれていてくださるすべての方に心からお礼を申し上げる。

花野ゆくいつかひとりとなってゐし

二〇〇三年一〇月三〇日

著者

横山　昭作

［略　歴］

1927年（昭和２）山梨県韮崎町（現、韮崎市）に生まれる。

1953年（昭和28）より、東京世田谷にある私立成城学園に勤務。

初等学校長、幼稚園長を歴任し、1989年（平成元）成城学園を定年退職（この間、外部活動としては、ＮＨＫ学校放送企画委員、日本私立小学校連合会常任理事、山人会理事などを委嘱された）。

日本エッセイストクラブ会員。日本ペンクラブ会員。俳誌「黄鐘」同人。「武田の里にらさきの大使」の一人でもある。

随筆「針と糸」で渋沢秀雄賞受賞。

［著　書］

随筆集は「子供のいる地図」「遠い花火」「花は葉に」「人も風も」など。

他に多くの児童読物、児童劇脚本や教育書の執筆あり。

［住　所］

〒157-0073　東京都世田谷区砧3―21―16

随筆集　コスモスの風

2003年11月30日　第１版第１刷発行

著　者　横　山　昭　作

発行者　松　林　久　行

発行所　株式会社大成出版社

〒156-0042
東京都世田谷区羽根木1-7-11
TEL03（3321）4131（代）
FAX03（3325）1888

印刷　信教印刷

落丁・乱丁本はおとりかえいたします。

ISBN4-8028-0238-2